U0498578

书山有路勤为径，优质资源伴你行
注册世纪波学院会员，享精品图书增值服务

惯性自律

打败拖延的41个自律习惯

[美]彼得·霍林斯（Peter Hollins）————著　海猫君　陈阳————译

41 Self-Discipline Habits
For Slackers, Avoiders, & Couch Potatoes

电子工业出版社

Publishing House of Electronics Industry

北京·BEIJING

版权贸易合同登记号　图字：01-2022-5125

图书在版编目（CIP）数据

惯性自律：打败拖延的41个自律习惯 /（美）彼得·霍林斯（Peter Hollins）著；
海猫君，陈阳译. —北京：电子工业出版社，2023.3（2025.8重印）
书名原文：41 Self-Discipline Habits: For Slackers, Avoiders, & Couch Potatoes
ISBN 978-7-121-44872-0

Ⅰ.①惯… Ⅱ.①彼… ②海… ③陈… Ⅲ.①自律 – 通俗读物 Ⅳ.①C933.41-49

中国国家版本馆CIP数据核字（2023）第030362号

责任编辑：刘淑丽
印　　刷：北京七彩京通数码快印有限公司
装　　订：北京七彩京通数码快印有限公司
出版发行：电子工业出版社
　　　　　北京市海淀区万寿路173信箱　　邮编：100036
开　　本：880×1230　1/32　印张：5　　字数：110千字
版　　次：2023年3月第1版
印　　次：2025年8月第6次印刷
定　　价：65.00元

凡所购买电子工业出版社图书有缺损问题，请向购买书店调换。若书店售缺，
请与本社发行部联系，联系及邮购电话：（010）88254888，88258888。
质量投诉请发邮件至zlts@phei.com.cn，盗版侵权举报请发邮件至dbqq@phei.
com.cn。
本书咨询联系方式：（010）88254199，sjb@phei.com.cn。

目录

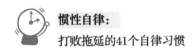

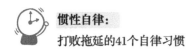

第七章 描绘愿景与设定目标 / 125

- -

- - - - - - - - - - - - - - - - -

第一章

即刻行动

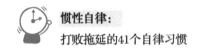
从小目标入手

怎样才能吃下整头大象？

循序渐进，一次咬一口！撇开老生常谈的笑话不说，从小事做起并从中获得动力要容易得多。改变是艰难的，因为我们的大脑会自动回到让我们感觉舒适的和有把握的事情上。这就是为什么大的改变如此困难，这也是为什么我们常常会目不转睛地盯着大局，看着我们还有多远的路要走。但如果你循序渐进地做事，就可以积聚动力而不会不知所措。

如果你想开始一周五天每天步行三十分钟的运动计划，那么你可以从每天只走五分钟开始。如果在五分钟后你还想继续，那就去做吧！但最开始的时候，你所要关注的就是迈出关键的第一步。就这么简单。

如果你想开始吃得更健康，那么你只需找出可以在饮食中做出的某个改变即可。让它持续一段时间，然后看看你处在怎样的状态中，再考虑接下来你要采取什么措施。通常，当我们的大脑认为做某件事会很容易时，开始行动时就不会有太多的阻力。然后，一旦开始，我们就可以立即拥有成就感，看到进步和希望——这让我们开始积聚动力，继续前进。然而，停留在准备状态不出发的时间越长，对前面必须攀登的大山思考的

时间越长，你就越会感觉到束手无策。

我们尽量不要把门槛定得太高，把自己搞得精疲力竭。我们在追求更大的目标之前，应该通过设定并实现一个小目标来建立信心。知道有个大目标在等着你，和知道你已经踏上征途且正在做你需要做的事情，哪种感觉会更好呢？对自己要有耐心，尽量不要对这个过程感到沮丧。先完成这些小目标可以给你迈出下一步的动力和灵感。然后再去完成下一个目标，循序渐进！

人们很容易沉迷于对大目标的兴奋之中，而忘记大目标其实只是很多个小目标的集合。在任何时候，你真正要负责的只是其中的某一个目标。一旦你实现了一个目标，要保证自己先复盘一下，然后再设定下一个目标。但在此之前，你的主要工作只是完成当前的目标。许多人认为，如果他们不能集中精力、金钱、时间或意志力来一下子实现整个宏伟的目标，那么就不能开始，没有准备充分还不如不去费心。但那不是真的！你只需要做好第一步就足够了。然后将这一进展存入你的"银行"，再着眼于下一步。

如何立即在你的生活中运用它

想一想你现在生活中的一个目标，它让你觉得有点吓人或不堪重负。选择一些你觉得自己没有足够的信心或精力去解

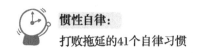
决的事情。考虑一下这个大目标，把它分解成尽可能多的小目标。举个例子，如果你准备写一本十万字的小说，那只是一件写十万字的事。就是这样！给自己设定一次只写一千字的目标。如果这看起来仍然难以接受，就把它降到五百字或一百字。直到把它分解成一个个让你觉得"哦，这其实没什么大不了，我觉得我可以完成"的小目标，然后开始行动！

切记，要从小处着手。

始于周一

人们都喜欢新的起点，它似乎存在于我们的基因中。在新的一天开始任何新目标都会给你重新开始的机会，并促进你自我提升，给你自律的动力。按照这个原则，最重要的日子依次是：新年的第一天、国庆节后的第一天、周一。

与一周中的其他日子相比，周一给了我们更多的动力，因为它标志着一个新的开始。如果这一天对你有个人意义，比如它是生日、假期或开始一份新工作的日子，那就更好了。无论这个意义是什么，学会利用伴随新的一天和重新开始的机会而来的能量和热情，你都将拥有巨大的动力，无论这个意义多么渺小。

我知道你在想什么——你讨厌周一。你有时非常讨厌它们，以至于你在周五就已经开始害怕了，对吗？但你可以将这转化为真的无比兴奋地想要重新开始的心态。发表在《心理科学》（*Psychological Science*）杂志上的一项研究表明，人们实际上更有可能在周一开始新的项目。这就好像关注一周的开始会给你额外的动力那样，在你的大脑中巩固新的开始，并告诉你的潜意识："就是这样———一些不同的开始。"

这是一个时间的里程碑，可以让你洗心革面，忘记曾经的得失，把你的全部热情转移到未来一周和对应的目标上。与其说这一周是崭新的，不如说你成了一个全新的人，与过去的任何失败或错失的机会都已经划清界限。研究生产力的专家可能会说，开始新目标的最佳时机就是现在，但周一的仪式感和标志性可能会更有说服力。

如何立即在你的生活中运用它

这并非让你把所有的工作都拖到下周一！你如何开始周一也很重要。值得一提的是，周一很棒，但你也可以选择其他有意义的日子——例如，如果你多年来一直在周三开始你的工作，那么这一天对你来说可能更有意义。如果再过几天就是你的生日，那么就计划在那一天开始一些新的事情，并向你的潜意识发出信号———一些全新的、令人兴奋的事情已经开始。以

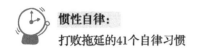
下是在周一重新开始的具体做法：

- 列一张清单，做好准备。你要在周日晚上（更好的是在周五下午）为周一早上你要做的事情制订一个确切的计划。不要追求"从容不迫"——只要开始去做，先从大的、重要的事情做起。确定最重要的第一步，尽快把它从清单上剔除，这样你就可以利用这种势头，尽快让自己感到兴奋和有成就感。

- 不要只计划与目标直接相关的行动。另外，计划好你那天要穿的衣服（选择干净、舒适、合身的衣服，让你感觉自己好像身价百万），并确保你有一个早餐计划。为了实现效率最大化，你要把第一杯咖啡安排在你已经起床后的一两个小时以内。通过一切新鲜事物为你的重新开始注入活力——打开一扇窗户，让你的肺部充满新一天的空气，打开一块新肥皂，或者穿上一双新袜子，一醒来就让自己沐浴在新一天的晨光下。你可以尝试以一个小小的仪式来强化所有这些新鲜的感觉——写一本全新的日记、祈祷，或者做一些你以前从未做过的事情来纪念这个时刻。

持之以恒

当你要开始行动的时候，第一天很重要，循序渐进也很重要。一旦你开始行动了，这一切都可以帮助你保持动力。不过，保持动力的能力并不神秘——它只是我们一旦开始行动就能继续前进的能力。不过，我们不需要持续保持同样的强度。可以减速，但不要完全停下来！

一开始，你可能会油然而生一种强烈的想法，想在某一天休息一下。这是正常的，人无完人，记住，这是你的大脑正在努力让你回到原来的平衡状态，所以你可能要努力抵抗回到舒适区的趋势。一旦你开始行动了，就要向自己承诺，虽然你可能随时跳过一天，但绝不会连续跳过两天。

这对你来说是一个很好的规则，因为它很灵活。我们都时不时地会有特殊情况。也许你身体不舒服，也许会突然出现一些真正意想不到的紧急情况，因为这些造成的耽搁另当别论。如果你毫无理由地随便跳过了一天，先原谅自己，继续前进——但是不要让自己再犯同样的错误。否则，你就会逐渐形成一种坏习惯。跳过一天或许是因为你遭遇了某种挫折，但连续跳过两天会大大减退你的热情。

当我们试图养成新习惯并让它真正改善我们的生活时，思

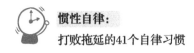

考过多或完全不思考都可能是致命的。如果你对自己要求非常严格，一遇到不完美的情况就容易抓狂，你可能会把自己推入一个螺旋式下降的漩涡中，然后想："好吧，我现在已经落下太多了，我还是放弃吧！"其实你不必追求完美，你只需要坚持下去——因为放弃是阻止你持之以恒的唯一阻力！

如何立即在你的生活中运用它

你的态度会让事情变得不同。不能连续跳过两天的规则其实是心理上的小把戏。从本质上讲，这是在让你免受小挫折的影响，避免让它们变成大挫折。

第一步：当你陷入困境时，有意识地摆脱对自己的负面情绪。记住，你没有失败，这不是一场灾难。事实上，这很正常，百分之百可以预料。无论你在做什么，都不要让那些负面情绪阻碍你继续完成自己的任务。要时刻提醒自己，即使有一天搞砸了，那也并不代表自己是无可救药的，仅仅说明自己的方法需要调整。事实就是如此。

这只是失误而已。

第二步：收集这些失误事件，看看能从中学到什么，以及需要做出哪些改变才能确保这种情况不会再次发生。一定要把这些失误看作有价值的、正向的反馈。你也知道变革的过程其

实并不会一帆风顺，对吗？

第三步：规定连续两天没有坚持的后果。你需要真正意识到你不可能连续跳过两天。可以通过让别人督促你来鼓励这种信念，或者想办法让后果变得非常真实和令人不舒服，以至于让你自己认识到，其实更好的选择是回到持之以恒的状态。

举个例子，假设你有一天没有去健身房，尽管你已经连续坚持两周每天都去了，停下来想想为什么会这样。你不用沉溺于自怜，也不必自责。你只要想："怎么回事？"也许你注意到自己是因为整夜没睡，感觉太累了而错过了早上的锻炼。那么可行的下一步就很明确了：今晚你要按时睡觉，别错过明天的锻炼。

跟踪进度

你已经把目标分成了多个小目标，而且你已经迈出了第一步，也是最重要的一步，并且你正在一步一步、日复一日地达成你的最终目标。现在你已经很好地、真正地步入正轨，你需要记录下你的进度。记录能给你力量。

跟踪进度可以帮助你专注于实现目标的重要因素。它还可以帮助你识别潜在的障碍并找到如何克服它们的策略——在它

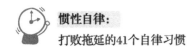
们让你脱轨之前。有意识地跟踪你的进度可以帮助你设定更现实的目标，并在整个过程中保持积极的态度，因为你看到了循序渐进的具体证据。

你可以考虑一下写日记，写下你的自律目标，跟踪你的进度。或者，你可以制作一张非常精细的图表，提醒自己你正在做的事情。这会强化你在生活中正在实现的积极转变，并给你一个可以自豪地回顾的记录——特别是在你想要放弃的那些日子里。跳过一天可能很有诱惑力，但当你看到自己连续20天没有中断的时候，你可能会更有动力继续前进，而不是打断这种势头。

这就是跟踪进度的力量——如果你知道你的基准是什么，你就会非常清楚地知道你的干预措施是否真的有效，以及它们起了多大作用。自我评估虽然简单，但可以提升你的动力。把自己想象成一个负责的同伴。如果某件事不起作用，跟踪你的进度会清楚、及时地告诉你这一点，并给你一个机会来确定问题的真正根源及其严重性。

这就把我们引到了一个显而易见的问题上——你是如何跟踪进度的？

如何立即在你的生活中运用它

如果你认为你需要某种复杂的应用程序或工具来开始，

先等等——实际上第一步是确定你可以用什么标准来衡量你的进度。你的进步可能会被自然地量化和衡量，也可能不会。例如，你可能正在努力减肥，那么你可以决定衡量的指标。花一点时间仔细考虑一下这一点。如果你想减掉5磅，那么你可以选择比1磅更小的增量作为衡量指标（如一次减掉0.5磅），或者你可以完全选择其他指标，比如腰围，或者你距离穿上一条太紧的裤子的目标还有多近。

别急着进行这一步。首先，你要缩小视野，着眼于更大的图景，也就是你更大的目标。其次，想一个现实的、适当的时间尺度（再说一遍，循序渐进在这里会有所帮助）。反思你为什么要做你正在做的事情，然后确定一个频率来检查你在完成这些小目标或小步骤方面的进度。在本章的例子中，你可能主要是出于健康的原因想要减肥，并认为每周无限期地进行少量节食是有意义的，因为你希望进行长期的渐进式改变（也就是说，你不只是想在下周三之前通过快速节食来减肥）。

一旦你确定了每隔多久签到一次，就能确定如何跟踪你的进度。同样，选择合适的内容，保持简单可行。你可以在浴室的墙上贴一张折线图，记录你每周的体重，随着时间的推移，它能够展示你的进度。当你在每一步中设置一个小小的仪式和奖励时，进度跟踪的效果最好。每隔一段时间就看看你已经走

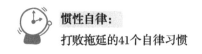
了多远，提醒自己你的目标在哪儿，庆祝你为实现目标而行动的每一步。

目标清晰

在上面的例子中，跟踪进度的折线图被明显地贴在浴室里，你每天都能看到，即使在那些没有实际称重的日子里也是如此。这不是意外。你一定听过这样一句话："好记性不如烂笔头。"目标也是一样的——当你把它们写下来的时候，对于你的潜意识来说，它们会变得更加真实，也更有可能实现。写下目标会迫使你清楚地了解它们，把它们变成具体的语言，然后每天查看它们。这是让它们成为现实的第一步。

写下的目标（以及看得见的进度跟踪）是一种积极的强化。在任何时候，当要跟随一种期望的行为并加强刺激时，我们就会使这种行为在未来更有可能再次发生。通常，我们认为这种增强剂是一种奖励（例如，在完成考试后吃一顿大餐），但简单地标记你的进步也有同样的效果。对于书面目标的进度跟踪会让你的成就更真实可见，让你更享受，让你的行为和良好的感觉之间产生积极的联系。

这就是关键所在：你对自己期望的行动附加的积极情绪越

多，就越有可能继续做那些事。例如，

- 你为自己写下一条鼓舞人心的励志信息，强调你瞄准目标的理由。把它放在办公室的显眼位置，每天看一看，这能够鼓励你。那些积极的感觉会与在办公室工作的感觉联系在一起，你会发现自己想要待在办公室里，并实现自己的目标。

- 你的书房里有一块白板，在白板的一边写着你一周的目标。当你完成这些目标时，你可以擦除它们，然后在另一边写下新的目标。现在你有了所得成就的视觉证据（正向强化——你正在取得进步），同时也清楚地确定了哪些是有待完成的目标。

- 你有一个装满纸片的罐子，每张纸片上都写着"100美元"。当你偿还了一大笔债务时，你可以取出一张纸片，然后把它撕掉、烧掉或扔进垃圾桶。这样做的感觉简直太棒了！你奖励并强化了每一份"100美元"的报酬，同时鼓励自己继续前进，直到永远保持罐子是清空的状态。

如何立即在你的生活中运用它

你要先确保并没有通过让自己感到羞愧或恐吓自己的方式去实现你的目标。惩罚和负面情绪可以在一定程度上控制你的行为，但如果你能够让这个过程变得真正愉快且有意义，你会

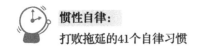
更有可能做出可持续的改变。把重点放在能让你在旅途中的每一步都尽可能感到愉快和积极的方式上。不要低估跟踪进度所带来的满足感。一定要大声地告诉自己："我每天都离我的目标越来越近了！"让自己能够在那些美好的、鼓舞人心的感觉中享受片刻。

写下你的目标，让它们变得清晰、简单、可行。然后确保你能看到每一天你是如何越来越接近那个目标的。把你写好的目标或进度表挂在某个地方，或者把它们放在你每天都能看到的地方。使用日历、把目标贴在冰箱上、把提示放在电脑屏幕上，甚至在手机上设置提醒。你可以每天设置一个特定的时间去记录，也许你会注意到你已经有整整一天没有记录令人上瘾的进步了。拍拍自己的肩膀以示鼓励。

使结果可见

对于任何制定目标的人来说，可见的结果都是自然而然出现的。我们都幻想过，一旦我们实现了梦想，生活将是什么样子。然而，使结果可见不只是白日做梦，它是激励和让我们保持动力的强大工具。使结果可见有助于自律，因为你的大脑实际上无法区分真实的场景和想象的场景。因此，当你生动地想象某件事时，你大脑中的某些化学物质就会发生变化，就好像你真的在体验那些场景一样。

想象积极的事情会给你带来积极的感觉和联想，强化你的行为，让你保持在正轨上。这会让你更容易克服恐惧，并采取可行的方法来实现你的目标。因此，做梦和想象并不神奇——它们会让你的大脑做好准备，并促使你真正实现想象中的事，你的动力也会激增。你的潜意识开始为你的问题寻找创造性的解决方案。正如你正在给自己编程那样，你期待一个积极的结果，并识别符合想象的机会和可能性。

这不是"你一想它就会神秘地出现"的问题，而在于你越清楚地描绘出你的目标，你就越有动力把它变成现实。例如，运动员在坚持不懈地训练肌肉之前会尽力在脑海中"排练"某个步伐或动作。心理准备奠定了他们的基础，给了他们信心、专注力和坚定的信念，然后他们把想象的画面变成了现实。就像运动员仅仅通过想象某个动作就可以创建新的神经通路那样，你也可以这样做。现在就开始训练你的大脑，想象你想要的目标在某种意义上已经实现吧。

如何立即在你的生活中运用它

你可以用结果可见来想象一个详细而生动的结果——这会

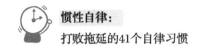

鼓舞和激励你进入一定程度的专注和无畏状态。例如，想象自己在马拉松比赛中冲过终点线。或者，你可以想象自己朝着目标前进的过程——这有助于你做好准备和规划，使你保持在正轨上，帮助你预测可能遇到的障碍，并先发制人。例如，在脑海中想象你每天都努力实现自己的锻炼目标。用文字描述你面对的阻力和懒惰，并战胜它。

使结果可见是一种专注的、深思熟虑的行为。闭上眼睛，从容不迫地在脑海中描绘出你的愿望。让它像电影一样在你脑海中播放。运用你所有的感官——想象它的画面、声音等——最重要的是，让自己沉浸在对这一场景的感受中。唤醒你的身体感觉、你的情绪以及任何文字、手势或面部表情。这样才能真正帮助新的神经通路自我巩固。

你甚至可以与你的想象力"玩耍"。有些人把想象力当作一粒缩小的神奇药丸，然后他们吃掉或吞下它，想象它进入他们的身体后能激发他们的动力。有些人可能会在一个想象中的场景周围搭建一个金色的框架，或者给想象的场景附加一首特别选择的歌曲或一个咒语，将它们带入恰到好处的心境。结果可见也可以通过拼贴画或"愿景板"来实现——你可以收集实物图片，捕捉你想要用你的目标创造的感觉，并把它挂在显眼的地方。结果可见不仅仅是视觉上的——你也可以使用肯定或

特定的短语（例如，仔细想象一下，当你获得了梦寐以求的奖项时，你将发表演讲，四周将响起如潮水般的掌声）。

使结果可见最好定期进行。把它融入你的日常生活，或者在你实现目标或遇到挫折后再做——它可以像指南针一样，能在这两种情况下都让你保持在正确的轨道上。你要记住，无论这个想象是什么，都必须是鲜活的，只有当它在你的身体里能被感觉到时，你才可能拥有力量。

小结：

- 在培养实现目标所需的自律能力时，如何开始很重要。你要放弃突飞猛进和一夜之间成功的想法，要从小事着手，把大目标分解成可管理的、可持续的小目标。最重要的是习惯性和持续性。

- 如果你有意识地"重新开始"，即把元旦、你的生日或周一当作新的开始，你实现目标的机会就会更大。你可以有意识地把这一时刻标记下来，牢牢记住它，告诉自己过去已经被原谅和遗忘，你正在重新开始新的一天。

- 向自己承诺，即使你偶尔会遇到挫折，你也不会连续两天跳过你的任务。跳过一天是可以理解的，但连续跳过两天就成

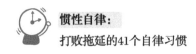
了习惯。如果你犯了错，就进入学习模式，问问自己为什么，这样你就可以确保第二天不会再犯同样的错误。

- 选择一个目标，设定一个时间表，然后选择一些合适的指标来衡量和跟踪进度。让其能够清晰地被看见，以此激励你，让你变得专注和有成就感，并帮助你解决问题和先发制人。

- 最后，利用结果可见的力量，朝着正确的方向训练你的大脑。利用所有感官想象期望的结果或实现该结果的过程——或者两者兼而有之。重要的是，你需要经常这样做，真正深入挖掘与你试图创造的东西相关的感觉。

你的思考

第二章

关注习惯

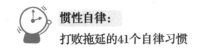
改变坏习惯

你已经听过这种说法了——好习惯是健康、成功生活的基础。但好消息是，你不需要从头开始。这样想吧，你已经有习惯了。你的大脑自然而然地想要在自动运行的状态下重复做某些事情。你只需要确保你自动做的事情对你来说是最佳的选择。

大多数时候，坏习惯只是应对压力和无聊的一种方式。咬指甲、在疯狂购物中过度消费、每个周末喝酒、在网上浪费时间等，无论如何，这些都是无益的调节情绪、管理压力和"填补空白"的方法。

但事情不一定非得是那样的。你可以自学新的和健康的方法来应对压力和无聊，然后你可以用这些方法来取代你的坏习惯。这种方法的好处是你已经有了"心灵支架"。你只不过是把你已经拥有的习惯的内容换成了更好的东西。你能仅凭意志力就"改掉"一个坏习惯吗？当然能，但这需要巨大的精力和极强的注意力。你可以通过替换习惯或升级习惯来达到同样的效果。

一个很好的例子是，当你在工作间歇休息时，你试图阻止自己在网上购物。这个坏习惯会破坏你的专注力和分散你的注意力，因为你很可能会每次上网20~30分钟。但也许你会发现，每当你受到诱惑又去网购时，你的时间表上都会有一个巨大的缺口，浏览你最喜欢的网站的愿望也没有得到满足。每一次都是一场艰苦的战斗。那么，现在该怎么办？

首先，你要认识到那些坏习惯，它们尽管有害，却是有目的的，对你的生活也有意义，否则，它们就不会存在。你要做的第一步是注意到自己被触发或被迫去养成坏习惯的时刻。其次，了解这个坏习惯对你有什么好处。这个坏习惯是为了释放无聊，还是被当作一种受欢迎的为沉重生活减轻压力的方式？

你可以猜到下一步是什么：找到一种新的、更健康的方式来满足自己的需求，让自己不再求助于坏习惯。在我们前面的网购例子中，也许你意识到你浏览网页是为了缓解紧张，"款待"自己。头脑风暴过后，你会意识到你可以通过在户外散步、爱上健康的零食、阅读一本书，或者花一点时间在一个爱好上来做到这一点。也许，随着时间的推移，你会意识到你工作中的压力水平是不可持续的，你需要在这一领域做出更大的改变，例如，消除压力的根源或者完全离开工作。

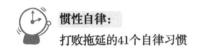

如何立即在你的生活中运用它

回答以下问题能帮助你改掉坏习惯：

- 你现在有什么坏习惯？

- 这个坏习惯在哪个方面、是什么、因为什么人、出于什么原因、在什么时候养成的？

- 这个坏习惯让你付出了什么代价？你通过改变它能得到什么？

- 这个坏习惯之前有过一段时间吗？那时你是什么样的人？你做了什么呢？

- 这个坏习惯在你的生活中有什么好处或作用？

- 什么样的替代行为可以给你带来和这个坏习惯一样但是更健康的感觉或结果？

- 用这种替代行为取代坏习惯有什么好处？

- 你的坏习惯的诱因是什么？（想一想是谁、在哪里、为什么、怎么做……）

- 你能想象自己觉察到这些坏习惯的触发因素，然后把注意力集中在新习惯上吗？

- 之后你会立即做些什么来奖励自己改成这个更好的习惯呢？

吃得好且有规律

很有可能，健康饮食是你想要通过足够的自律和动力养成的习惯之一。但事实可能正好相反，自律是健康饮食的结果，而不是原因。你的血糖水平与你的自制力和精力有直接而密切的联系，这在很大程度上影响着你在日常选择和行动中的自律程度。

意志力不是一种无限的资源，它会像其他任何东西一样耗尽。大脑确实是以葡萄糖为燃料运转的，因此如果你饿了，你就根本不会像现在这样专注。有研究表明，低血糖通常会削弱一个人的决心。当你饿的时候，你集中注意力的能力会受到大幅度影响，因为你的大脑此刻无法发挥最大的潜能。饥饿使你很难专注于手头的任务，更不用说它会让你变得暴躁和悲观了。

现在，我要给你一个警告：健康饮食不是严格的限制、不现实地保持苗条，或者强迫你拒绝自己喜欢的食物。相反，它会让你感觉很棒，有更多的精力，改善你的健康水平，提振你的情绪。你要为成功做好准备，试着让事情变得简单。食物真的是燃料，当你在改变你的生活和培养自律习惯时，你需要这种能量，而且你需要有策略地进食。

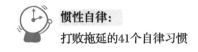

更健康的饮食并不复杂，但你确实需要一些重要的规则来指导你生活。例如，与其过分关心卡路里的计算，你更应该根据颜色、种类和新鲜度来考虑你的饮食。尽量避免包装和加工食品，尽可能选择更新鲜的食材。不要吃零食，饿了就吃，吃饱了就停，远离那些对你有害的食物，比如含酒精或大量的精制糖和盐的食物。

制定饮食规则并不意味着节食或采取限制性饮食。这一过程更多的是将你自己的价值观和原则应用到这个极其重要的生活领域中，并为你吃进嘴里的东西负责。在某种程度上，你的饮食规则是什么并不重要，重要的是它们对你很重要，并且它们是可持续的，它们能让你实现你想要的健康和平衡。美食记者迈克尔·波伦（*Michael Pollan*）是《杂食动物的困境》（*The Omnivore's Dilemma*）一书的作者，他有三条主要的饮食规则：吃真正的食物（而不是加工过的垃圾食品）、以植物为主、不要吃太多。这其实很简单，是吧？

如何立即在你的生活中运用它

什么样的饮食规则对你的生活有效？这也是一个关于试错的问题，但就自律而言，最好的饮食是多样化的、均衡的和稳定的。你需要尽可能保持你的血糖水平不变，有规律地吃各种各样的食物，避免暴饮暴食或长时间禁食。看看几个世纪以来为人们所用的其他一些流行的饮食规则，看看哪些可以有效地融入你的生活：

- 每顿饭都要吃一些蛋白质。

- 每天至少吃5种不同颜色的水果和蔬菜。

- 大部分时间吃自己在家里做的饭。

- 多喝水。

- 避免任何去掉纤维的东西，即选择糙米和全麦面食，而不是白面。

- 用淀粉类蔬菜取代面包、糕点、意大利面和蛋糕。

- 没有食物是禁食的——要点是节制和控制分量。

- 少吃红肉，多吃富含蛋白质的鱼和蔬菜。

- 少吃盐和糖，不要在饭菜中添加任何工业制品。

- 吃到七分饱就好，慢慢吃，细细咀嚼。

- 偶尔款待自己一下也不会要了你的命。

锻炼身心

在提到健康饮食的同时，我们也不得不提到有规律的运动和锻炼的价值。当你打下了一个坚实的基础时，这两者是齐头并进的。你可以在这个基础上向成功和实现你的梦想迈进。

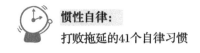

俗话说："你做任何事情的方式就是你做每件事的方式"。体育锻炼对你的整体自律有什么好处？如果你经常锻炼，你的"意志力肌肉"就会更强壮。当你锻炼身体的时候，也在锻炼你的意志力和奉献精神。你在教导自己，你可以而且将履行自己的承诺，并训练自己坚持到底和完成任务的能力。

锻炼是一块宝贵的基石，可以让你的生活充满积极的好习惯，远离坏习惯。它不仅对你的身体健康大有裨益，还能让你保持最佳心态，让你在一天中感到自信、能干和精力充沛。坚持晨练的习惯会让你从一开始就充满热情且专注地度过每一天。此外，你还可以从清单上勾选出一些重要的事情，完成它们并感受由此带来的成就感。

运动可以通过释放内啡肽和神经递质（如多巴胺和血清素）来可靠地降低你的压力和疼痛水平。运动可以通过加快血液流动和身体细胞的氧合，增强免疫系统，帮助你战胜疾病，从而改善你的整体健康状况。你的心情和睡眠会变得更好，你整个人看上去会精神焕发！

再说一次，有规律的体育锻炼是自律的结果，也是自律的原因。当你在生活中的某一领域实践自律时，你的锻炼精神也会不可避免地波及其他领域。

如何立即在你的生活中运用它

就像生活中的许多事情那样，不要想太多。从小处着手，始终如一。如果你从零开始，最重要的是明确你想要实现什么——并不是我们所有人都能像健身模特那样锻炼（或想成为健身模特）。一旦你明确了你想要什么和你为什么想要它，你就可以为自己设定一个单一的、现实的、可量化的目标。例如，进行一个小时的HIIT训练。或者，在一周内给自己安排固定的任务——如果你的锻炼每天都在同一个雷打不动的时间进行，这是最好的。当然，你肯定要选择一个最佳精神状态并准备好锻炼的时间。

一开始，你只需关注眼前的事情：那天的锻炼、那套设备、那封推荐信。关注眼前的短期收益，而不是你希望最终实现的大转变。你只需要注意到在你的血液流动加快后，你会感觉很好就可以了。奖励自己，跟踪进度，意识到你正在不断前进。永远都要有一个计划。在任何时候，你都需要确切地知道将来会有什么样的锻炼——不要只靠意志力，而是要把它安排在时间表中。

你要吃好睡足，并让你生活中的其他人加入你的行列，这样他们才能支持你。你要避免诱惑，善待自己——犯错是过程的一部分，但切记不要纠结于此。你只要回到正轨，尽快继续

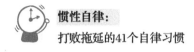

前进就行了。

关于你应该尝试哪种运动，这很简单——选择一些你真正能想象自己日复一日在做的活动。你不一定非要进行举重、跳跃、慢跑，或者其他任何运动。选择你喜欢并让你觉得有挑战性的活动就好，它们可以是瑜伽、跳舞、游泳、爬山，或者任何让你能坚持去做的事情。只需确保你在行动，并且你每天都会做这件事。

调整作息

你可能开始注意到一个主题——在这个世界上，自律、动力、组织和实现目标的承诺听起来像是模糊、抽象的东西。然而，事实是，成功的生活将从这里开始，从你的身体开始，从你的日常开始。换句话说，没有一个目标是如此空灵和崇高的，以至于它可以超越睡眠不足、不良饮食或酗酒的习惯。如果你不给自己一个坚实的生理基础，那么意志力无法帮你走得太远。

考虑到这一点，让我们现在转向可以说是最好的日常活动之一，来确定你的使命是成为最有效率、最自律的自己：你的起床时间。把它看作"你做任何事情的方式就是你做每件事的方式"这一想法的延伸。这并不是什么"火箭科学"——你如何开始一天的工作通常预示着你接下来的一天会如何度过。这是双向的——一个自律、有动力的人会毫不费力地起床并继续前一天的工作，同样，一个能设法在正确的时间始终如一地起床的人会发现，他们自然会觉得做接下来的一切都更有动力、更自律。

关键是始终如一和坚定不移。作为你一天中的第一个行动，你要向自己证明你有自制力、自主性和使命感，能够按时起床并行动起来。与其让你的一天在你没有参与的情况下开始，或者偶然地开始这一天，不如自觉地、有意识地抓住它，从你睁开眼睛的那一刻就开始行动。

如何立即在你的生活中运用它

让我们先来看看事实——人类会自然经历24小时的清醒—睡眠周期，在这个周期内，能量和注意力水平有升有降。虽然我们每个人都有不同的"时型"，即个人的生物钟。但事实是，每个人都需要至少7小时的睡眠（8小时更好），当人们在固定的时间起床和睡觉时会感到更快乐、更健康——包括周末！

如果你和大多数人一样，有晚上熬夜到太晚、早上起床

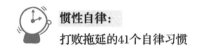
困难的坏习惯，那么你的目标是双重的——逐渐提前你的就寝时间和起床时间。一旦到达你想要的时间点，就用积极的强化措施来维持它们。对目前的作息时间做大幅调整并不能维持很久，相反，你可以把作息时间一次调整15分钟，持续几天后再进行下一次调整。

早睡与早起相伴而生。因此，当你在训练让自己准时起床时，也要花同样多的精力来调整你的夜间作息。

你可以培养一个"让自己放松下来"的习惯，例如，你可以在睡前一小时洗个热水澡、做瑜伽、写日记、阅读、冥想，或者听一些让人放松的音乐。让自己有意识地释放白天的压力，当你准备睡觉时，要确保你的房间尽可能黑暗、安静和舒适。就算你没有睡着，也没关系，就当好好休息一下。但是记住，无论你做什么，都不要在睡前一小时盯着闪闪发光的电子屏幕。

早上，把闹钟放在你需要站起来才能关掉它的地方。在闹钟响起的那一刻，告诉你的身体，是时候清醒了。你可以做一些事来唤醒身体：

- 打开窗户，让自然光和新鲜空气进来。
- 整理好你的床铺，这样你就不会想再回到床上去了。
- 享受一些锻炼——在户外散步、伸展身体或者做任何你认为能够唤醒身体的活动。

严格遵守时间表

这里有一个可以让你头脑清醒的方法：设置固定的日常活动并严格遵守一个时间表。这并不是一件困难的事，实际上，这是一种简单的方法。当你坚持那些行之有效的日常活动，并养成遵守有组织的时间表的习惯时，你需要思考的事情就会更少，你需要的意志力也会更少。习惯和自动化是所有成功人士的秘密和独特能力。日常活动能最大限度地利用我们的时间，减少让我们优柔寡断和不堪重负的行为，增强我们的信心和成就感，让我们保持良好的势头，解放我们的思维去做更有创造性的、新颖的工作。

保持动力和灵感是很棒的，即使在动力减弱的情况下，持续性和自律也会让你继续前进。最好的日常活动是什么？是被写下来的活动。你思考并写下日常活动的行为巩固了它，让你更有可能坚持到底。

如何立即在你的生活中运用它

坐下来拿出纸和笔，画出一周中的7天。首先，分出你的清醒和睡眠时间，一定要留出足够的睡眠时间。其次，在你的日程安排上大致写出每天的日期和每项活动的时间。这些活动可以包括伸展身体、吃一顿丰盛的早餐、阅读、想象、散步、

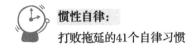
收拾屋子、打扮，等等。

回到你为自己设定的目标，把它分成更小的目标，然后把这些小目标安排在日常活动中。记住，要给自己留出充足的休息时间、消化和巩固的时间、反思的时间，以及提前计划的时间。不要听天由命——把时间安排好，并保证遵守那段时间的安排！

给自己留出吃饭和锻炼的时间，分配给自己娱乐的时间，这样你就会对生活的每个领域给予应有的关注。你可能会先制作一个大致的时间表，但每个周日晚上都要对它进行微调，根据生活中发生的事情做更详细的计划。即便在这种情况下，你的作息还是应该尽可能保持一致。这听起来不错，对吧？下面的方法能让我们真正做到这一点：

- 确保把每件事都写下来，每天你都能看到它们。

- 围绕你的优先事项和不可讨价还价的事制定你的时间表，只有你自己才能辨认这些事。

- 当你有很多较为琐碎的任务时，比如做家务和个人管理，你可以把它们集中在一起。

- 注意你自己的能量峰值和精力集中的时间段，并为那个时间段安排最困难和要求最高的任务。

- 记住所有你不会去做的事情，不要让自己分心，不要一

心多用。

● 你的日常活动不是一成不变的。保持灵活性，这样当你
  复盘时（应该至少每周做一次），你就可以做出能够反
  映现实生活，并把握真正对你有帮助的最好机会的明智
  的调整。如果"完美"的时间表在现实中行不通，那么
  它就一文不值。

我想在这里说两件重要的事，你在制定时间表时可能不会
太注意这两件事。第一是要耐心，第二是要宽恕自己。首先，
虽然习惯一旦建立就会让生活变得更容易，但习惯需要坚持一
段时间才能扎根于你的生活，在那之前你需要有耐心。其次，
你总会搞砸的，一定要现实一点。生活是杂乱无章的，很少会
以离散的、可预测的片段呈现。如果你有时不能遵守你的时间
表，不要责备自己。你可以减轻意外情况的影响，绕过干扰，
继续前进。如果你发现你的时间表经常不起作用，这不是放弃
的信号，而是在提醒你需要做一些仔细的调整。

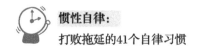
休息、奖励与回报

当大多数人开始制定时间表时，他们只考虑工作。他们会先把自己的有偿工作时间固定下来，然后有意无意地让自己在这些时间的间隙中以某种方式度过余生。当你想到这件事的时候，你会觉得有点沮丧，对吧？

过一种更加自律的生活并不意味着你需要像你的教官那样，完全僵化、无情、严苛、毫无乐趣。事实上，从长远来看，试图这么做很可能会让你的弹性降低，工作效率也会大打折扣。没有回旋余地的时间表往往会导致失败、失望和屈服于你的旧习惯。换句话说，过于极端并不是特别可持续的。

你的休息和生活乐趣很重要。这不仅因为它们本身，还因为它们会让你成为一个整体上更专注、更完整、更有动力的人。休息、奖励和回报能巩固你的进步，维持你的动力。

如何立即在你的生活中运用它

给自己适当的奖励和回报。显而易见的是，你的奖励和回报不应该破坏或抵消你已经获得的成就。它们应该足够重要，对你来说是真正有意义的，应该是你真正喜欢和想要的东西。你需要确切地知道什么时候可以得到奖励和回报，当你达到那个里程碑时，可以暂时停下来，享受成功所带来的喜悦。你或许可以吹嘘一下并展示你的骄傲，但要尊重场合。让自己沉浸在美好的感觉中——它们会积极地重新连接你的大脑，让你获得接下来的成功，并继续释放多巴胺。多巴胺是一种强大的奖赏性神经递质，它会使之前的行为更有可能重复。

如果你减掉了一些体重，不要奖励自己吃半块蛋糕或者跳过某次锻炼——这么做只是在阻碍你的进步，这就等于说你实际上更喜欢吃得不好，或者更愿意忽视自己的身体健康。相反，你可以告诉自己健康地生活、享受一次按摩、奖励自己一个喜欢的新玩意儿，或者和爱人一起度过一个下午的感觉有多好。

奖励和回报不一定是物质形式的，也不一定要花很多钱。一个好主意就是，把能给你带来快乐、让你重新焕发活力的事情列个清单。当你精力衰退，需要提神的时候，可以看一下这个清单。参加户外活动、进行社交、享受美食和音乐、活动活动身体、洗个热水澡、沉浸在一本书或一档播客节目中，或者尝试一些新的东西，这些都是健康的奖励进步的好方法。

充分利用你的休息时间，把它们安排得像非常重要的约会那样（它们确实非常重要）。不要试图跳过它们。工作时一个很好的经验法则是每隔40分钟到一小时就休息一次，持续10分

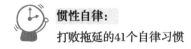

钟左右。每工作4小时，就休息更长时间（20分钟）。确保你不会像个"肿块"一样长时间坐着，让你的一天充满活力，让生活变得多姿多彩。

你可以站起来、伸伸腿、喝杯热茶、出去待一会儿、和朋友聊天、享受业余爱好、打个盹，或者吃点健康的零食来补充血糖。你可以在每次的休息中注入一些正念，并检查一下自己——眼睛是不是变得干涩了，是否需要休息一下？是否有些没精打采？是否觉得饥饿？你也可以换个任务，让你的潜意识思考一段时间再回来。

小结：

- 你要变得更自律，专注于你的坏习惯，不要努力地去消除它们，而要用更好的习惯取而代之。观察你当下的习惯，了解它们的目的、触发这些习惯的因素以及由此引发的结果，并采取行动让它们对你有利。一旦有了持之以恒的好习惯，你就不再需要更多的意志力去自律。

- 虽然这听起来非常简单，但是如果没有健康的生活方式做基础，你就无法培养自律。你可以先考虑如何给自己的身体补充能量来增强你的意志力。有许多不同的饮食哲学，它们都是有效的，但有一点始终如一，那便是提高自制力其实就意味着保持稳定的血糖水平。

- 定期锻炼会强化你的自尊，让你的身体充满内啡肽，让你保持健康强壮，并在锻炼肌肉的同时帮助你锻炼意志力。记住：你做任何事的方式就是你做每件事的方式。体育锻炼不仅能锻炼你的身体，而且能锻炼你的头脑。

- 如果你还没有雷打不动的清晨计划，那么，你应该制订一个，它会让你的一天有一个好的开始。每个人都有自己独特的生物钟，但我们中的大多数人都受益于有规律的作息和健康的睡眠习惯。

- 根据你的优先事项制定一周的时间表，让自己少做一些无用的工作。将不太重要的任务集中在一起，留出一定的回旋余地和时间进行评估和调整。

- 确保你有充足的时间休养生息，也要有时间认可自己的进步并奖励自己。这对要获得持续的成功至关重要！

你的思考

第三章

让身体、头脑和心灵
保持健康

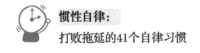

拒绝诱惑

在上一章中，我们探讨了如何为自律的生活奠定至关重要的基础，包括饮食、锻炼和睡眠方面的健康习惯等。在这一章中，我们将把注意力转向我们自身的态度、情绪和思维过程，研究它们如何对我们自我调节和控制生活的能力产生影响。我们中的许多人都知道自己应该做什么和想要达成什么目标，但当我们被环境中的事物诱惑而分心时，我们会一次又一次地动摇。

你需要自律，但这并不意味着胆大妄为，用你的意志力去抵抗各种诱惑。老实说，这样做通常很难奏效，即使奏效了，你的意志力最终也会消耗殆尽，而外界无数的诱惑和干扰会让你持续脱离轨道，所以不要这样做。如果你希望减轻这些诱惑对你生活的影响，你就需要聪明一点。你需要先发制人，管理或全力以赴地避免那些让你容易把决心抛之脑后的时刻。

当你遵守"眼不见心不烦"这句老话时，自我控制往往是最容易实现的。在你所处的环境中清除所有诱惑和干扰是至关重要的。首先，你要建立一种系统，消除动用意志力的必要性，换句话说，让做坏事变得困难，让做好事变得容易——甚至是自动的、自觉的。

如何立即在你的生活中运用它

第一步：要诚实。当你有一个新的目标时，你可能不会倾向于考虑潜在的阻碍，但当你完全意识到它们是什么、它们来自哪里、它们什么时候到来以及如何到来的时候，你就能把它们控制得最好。我的想法是，在你被当下的诱惑吸引之前，要确保你有一个坚定的策略。当你设定目标时，你要找出会让你想要放弃的潜在诱惑和因素，诚实地告诉自己它们会有多诱人！

第二步：避免。如果你从未真正面对过诱惑，你就不需要对它们做任何事情，对吗？因此，只要避免它们就行了。或者，你可以用更多的分心来对抗干扰——如果有一天你非常渴望吃糖，那么你可以在接下来的十分钟里尽情娱乐，让自己远离任何诱人的糖果。之后，即使你屈服于欲望并决定去"追寻"你喜爱的美味糖果，你在身体上也做不到了。你的决心会回来，欲望也会消失。在这之前一定要让自己分心。如果你无法避免诱惑，就减轻它的影响。如果你不能避免去某家餐厅，至少提前做好计划，保证你在到达之后就点菜单上最好吃的东西，并拒绝甜点菜单。

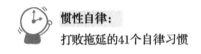

　　第三步：想象。你可以通过想象你要做的事情，提前计划你将如何应对不可避免的诱惑。闭上你的眼睛，在你的脑海中想象这个场景，以生动的细节描绘你主动远离诱惑的情景。重要的是，想象自己事后感觉真的很好，你会感到自信并受到鼓励，因为你能够挺过难关。这样做有助于消除让我们经常失败的一个重要因素——我们忘记了未来和我们选择的长期后果。你要提醒自己为什么要做你正在做的事情，并真正感觉暂时的快乐无法与你从实现目标中获得的满足感相提并论。

　　诱惑好的一面在于它是转瞬即逝的。坏习惯、身体的渴望和单纯的无聊在当时可能会给人非常强烈的感觉，但实际上并非如此。虽然看上去抵制诱惑似乎意味着错失了那一刻的快乐，但如果你能做到，你将收获更多。你将获得动力（下一次对诱惑的抵制会更容易），获得自信和自豪，获得鼓励，并且你朝着自己的目标又迈出了关键的一步。

别等待时机

抵制诱惑是一项很有价值的技能。但有的时候，那些让最佳计划受到影响甚至脱离原有轨道的其实并不是什么大事件——仅仅是单纯地拖延或逃避你需要做的事情。拥有一种自律的、积极主动的心态意味着我们能够坦率地审视那些曾经让我们陷入困境、鼓动我们偷懒的信念和假设。

如果拖延和逃避是你与之抗争的东西，那么这可能要归咎于一种无意识的信念，即你只有在感受到鼓舞和有动力的时候才能采取行动。除非你精力充沛、热情高涨，否则你必须等待一个更好的开始时间。事实是，动机是不必要的。要实现目标，你只需要坚持每天采取行动就可以了。有时你会觉得精神焕发，准备采取行动，有时又不会。但自律意味着不管热情是否短暂起伏，你都要表现得精力充沛，做好工作。

一种观点是，行动会激发热情。如果你采取行动，你就会受到鼓励并激励自己，更不用说感到鼓舞和自豪了。然而，如果你继续拖延，你的自尊心只会进一步下降，而且你会开始感觉越来越难以重新开始。

事实上，即使你做了让自己感到不舒服的事情，或者做了无伤大雅的错事，也不会有什么坏事发生在你身上。说真的，

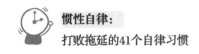

这不会伤害你的。《习惯的力量》一书的作者查尔斯·都希格解释说，习惯的行为可以追溯到大脑中被称为基底神经节的部分，它与情绪、模式和记忆有关。同时，人的决定是在前额叶皮质做出的，这是两个完全不同的区域。

当一种行为成为习惯时，我们就不必再使用我们的决策技能，而是让习惯自动发挥作用。因此，改掉坏习惯，养成新习惯，不仅需要我们做出积极的决定，还会让人感觉不对劲。你的大脑会抵制这种改变，以支持它做已经习惯的事情。解决办法是什么呢？那就是拥抱错误。你要承认你的新习惯需要坚持一段时间才能让你感觉正确、良好或自然。坚持下去，稳步前进，好习惯就会形成。不要认为恐惧、无精打采或惰性意味着你走上了错误的道路——事实很有可能恰恰相反！

知道拖延与意志力或懒惰无关，这可能会让你如释重负。其实，我们只需几个简单的行为技巧就可以打败拖延。

如何立即在你的生活中运用它

这里有一个万无一失的小贴士，就是立即开始。告诉自己最重要的是动起来，先做5分钟甚至1分钟。你不一定要喜欢，只要开始做就行了。不要计划或想太多，只管开始吧。然后你要注意，一旦你开始做了，情况就不会那么糟糕！不要总告诉自己要等待合适的时机，不要再说"我没有时间"。其实你心里知道，现在正是改变的好时机。

如果你一天中的精力真的不那么旺盛，或者你拖延可能是因为怀疑自己是否有能力做好这项任务，那么，你就要努力提升和管理你的精力，而不是纠结任务本身。你可以试着把它分解，在一天中的能量高峰时段安排一小部分任务。如果有必要的话，你可以先做一个简单的任务来让自己动起来。休息一下吧，虽然这听起来可能适得其反，但是你确实需要一次真正的休息，而不是一次紧张的逃避，因为这样你只是在想着即将到来的任务。

然而，如果你的拖延症更严重或更慢性，你要做的工作就是深入挖掘，找出拖延症的原因。害怕失败？害怕成功？为一个你实际上并不关心的目标而努力？为了迎合别人的期望而不得不做某事？完美主义？一旦确定了拖延症背后的想法和信念，你就可以采取更有针对性的方法来解决它们。

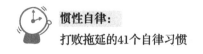

保持积极

还记得你大脑中的奖励性化学物质多巴胺吗？如果你以积极健康的心态去做事，你就更有可能在生活中做出积极的改变，变得多产、高效和成功。自我提升与惩罚、羞耻或剥夺无关，与憎恨或评判自己也无关。在变革的过程中获得更多的同情心和更高的积极性的原因有两个：

- 你对挫折、障碍和失败有更强的适应能力。
- 你更喜欢这种积极的状态！

当面临失败或一团糟的时候（注意这里说的是当面临失败时，而不是如果面临失败），你需要以自我同情来回应。你可以这样想：内疚和自责完全不会有任何效果，也不会让你重新振作起来。能让你重回正轨的是温柔地原谅自己，对发生的事及其原因感到好奇，然后采取明智的行动，下次做得更好。记住，重要的第一步就是自我同情。

建立一种新的思维方式的过程并不总是按计划进行的。你会经历起伏、惊人的成功和彻头彻尾的失败。关键是无论情况如何，你都要继续前进。这将是一段旅程，你不会总是按照自己理想中的样子去行动，这是非常正常的。人们很容易陷入内疚、愤怒或沮丧之中，但这些情绪不会提高你的自律能力。事实上，它们可能会让你感觉更糟糕，以至于你会忍不住想要完全放弃。相反，你应该把这个过程中出现的小问题作为未来的学习经验。原谅自己，专注于积极的一面，尽快重新行动起来。你离开赛道的时间越长，就越难继续朝着积极的方向前进。

积极的心态是有弹性的、灵活的、活跃的心态。这是可以让你学习和进化的东西。它让我们有可能直面挑战或挫折，然后说："好的，没问题。我现在能做些什么呢？我学到了什么？"

如何立即在你的生活中运用它

从今天开始，你可以通过几十种实际的方式开始行动，这会让你在生活中变得更积极、更自爱。

- 练习感恩。每天记下几件让你心存感激的事，花点时间想想对你有利的每件事。

- 活在当下。通常，消极思维都是关于过去或未来的。当你在沉思已经发生的事情或担心将要发生的事情时，试着注意到这一点，然后把你的注意力转回当下。毕竟，当下才是所有的可能性和机会所在！

- 多与积极向上的人为伍，避免与那些长期抱怨的人、永

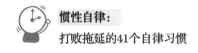

远冷漠的人或悲观的人共处，那些人会耗尽你的精力。

- 练习肯定自己或对自己说鼓舞人心的话。例如："成功不是最终的，失败不是致命的，继续下去的勇气才是最重要的。"

- 吸取教训。当我们有足够的勇气从错误中吸取教训，并能在下一次做得更好时，错误就会得到弥补。你甚至可以欢迎失败，因为此刻它是你成功路上的老师。

- 放弃对自己的评判。你并不完美，但你也不必完美。不要把注意力放在你的成就上，而要把它放在你的态度和心态上。无论结果如何，都要对自己抱有同情心。

- 每天给自己放松、反思和冥想的时间。调和你内心的声音，而不是让别人告诉你应该做什么和不应该做什么。告诉自己，无论你的外部成就如何，作为一个人，你总是有价值的。重要的不是挫折，而是你对挫折的反应。

注意情绪

我们已经知道，你的情绪和心态会对行为产生强有力的影响。然而，我们不需要成为不断变化的情绪的奴隶，或者，正如我们已经发现的那样，一直等到我们"喜欢它"的时候。自律是做你计划做的事情，而不是被动地让一时的情绪支配你的行动。这是一个思想如何战胜情绪的问题。你可以通过以下两个标准判断任何情况：

- 一个合乎逻辑的标准——思想。
- 一个情感标准——情绪。

自律是一种有意识的决定，即对事实进行一个认真的、合乎逻辑的评估，然后采取相应的行动，即使你不喜欢这样做。缺乏自律是一种无意识的决定，即对事实进行情绪化的评估，忽略逻辑，然后根据你当时的感受以情绪化的方式做出回应。

情感是非常有价值的。它们本身就是一个指导系统，为生活增添了色彩、深度和意义。但"情绪"比这简单得多，也不那么可靠。当你坐在电视机前时，你感觉懒得起身，所以你看了一集又一集电视剧，而不是起来打扫厨房，这就是一种情绪。当你面对有好处的事情时，你感到很兴奋，这也是一种情绪。在你度过漫长的一天之后，你感觉自己开始变得暴躁和厌

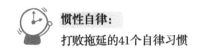

烦，这还是一种情绪。要知道，你不需要让任何情绪来决定你的生活。有情绪并没有错，心理健康的人都会产生一系列的情绪。诀窍是不要让你的情绪成为行为的主导因素，不要被情绪操纵。

事情是这样的：我们都会有时感到害怕、懒惰、生气或疲倦。这是生活的一部分，但我们也拥有在另一个层面上意识到自己的能力。我们可以选择缩小范围，意识到我们的情绪，然后有意识地朝着我们理性上认为对我们有益的目标采取行动，这意味着我们可以选择忽略这些情绪。与诱惑一样，情绪也会消逝。但是，有了自律、担当和长远的眼光，我们就能在这一过程中保持情绪稳定。尽管我们的生活有好有坏，精力和动力起伏不定，尽管我们会遭遇挫折甚至悲剧，但是我们实现了自己的目标。因为我们能够按照自己的逻辑思维，并对我们承诺的行动进行优先排序。这是非常强大的。

如何立即在你的生活中运用它

首先，控制情绪并不意味着压制情绪。但这确实意味着从"热"状态转变为"冷"状态，在这种状态下，你能够承认你的感受，理解你实际上只是在体验一种短暂的情绪，然后腾出空间让更平静、更理性的思维介入，提醒你更大的、更长远的目标。

这是一个降低反应性的问题——也就是说，学会体验情绪并让它们过去，而不需要对它们做出反应，或者让它们主宰你的行动。你不需要让情绪把你拖来拖去——不管你感觉如何，都可以选择自己的行为方式。

你不需要成为一个没有灵魂的机器人。相反，你要像一个禅宗和尚那样，看到自己内心情绪的变化，但永远不会忘记自己或失去意识。这里有一些方法可以帮助你做到这一点：

- 自我监控。当你心情不好的时候，看起来就像你一直都有这种感觉，但相信我，这只是一种错觉。你可以在跟踪自己情绪变化的过程中坚持写日记，这样就可以具体地看到情绪总是会变化的，而你的承诺和信念会更加坚定。

- 注意到是什么让你的情绪变得更糟或更不稳定。在你跟踪情绪变化的过程中，注意观察不良的饮食习惯、压力或日常健康状况是否会加剧情绪波动。然后用你的理性思维来先发制人，想好绕过这一问题的方法。

- 冥想。你不需要像禅宗和尚那样盘腿坐着，只需花时间温柔地冥想、放松和让意识转向内在。控制情绪的唯一方法就是理解它们并与之共事。

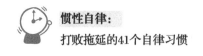
减少生活中的其他压力源

如果你在一段时间内对自己的情绪进行监测，你可能会注意到，你的整体健康和心理状况与你专注、冷静和自律的能力之间有着必然的联系。这似乎是显而易见的，我们中的许多人都在不断努力，尽力去找回自律，同时却毁掉了自己对生活方式的选择权和健康习惯——是的，压力可能是最重要的影响生活方式的因素，它不仅影响你的健康，还影响你养成好习惯的能力。

原因很简单，压力会消耗认知和心理资源，你本可以更好地利用这些资源来实现你关心的目标。如果能做到不那么思虑过度或担忧过度，你就可能拥有更多的空间去实现自律。

我们面临着许多潜在压力，包括我们需要在日常生活中做出改变的事件或情况，我们需要时间来适应这些改变。这些改变可能是积极的，比如开始新的婚姻、计划怀孕、升职或住进新房子；也可以是负面的，比如心爱的人去世或离婚。问题是，如果你忙于适应和管理这些巨大的变化，你就不太能推动任何新的变化，也就是说，你将更难找到任何形式的个人发展所需的精力和资金。

压力不一定是坏事——适当的压力会让我们保持警觉，

挑战自己，让我们保持诚实。虽然没有人可以避免所有的压力（也没有人需要这样做），但你可以有意识地以健康的、积极的方式管理自身的压力。

如何立即在你的生活中运用它

在你的生活中，你可能已经听说过无数次关于压力管理的重要性的说法了。也许你知道自己应该偶尔休息一下，或者冥想一下，或者做个深呼吸练习。但事实是，压力管理不是一项单一的活动或事件，更多的是一种关于生活中每项活动和每个事件的管理方式。从极度紧张的工作中停下来，沉思10分钟，再投入到工作中，显然这对真正减轻压力没有什么帮助。

你需要记住的一件事是：压力管理不是作为一项"款待"或奖励活动来做的，这不是懒惰的，也不是可选的。如果压力得不到控制，它就会破坏你为实现目标所付出的努力，削弱你的自律能力，更不用说降低你身体的免疫力，让你的生活变得更糟糕了。压力管理也不是只有在你已经有压力的情况下才会做的事情——它不是在你已经耗尽了内在资源之后，为了继续坚持下去而救急的创可贴。相反，压力管理本应是你日常要去做的事情，作为健康基础的一部分，它将有力地支持你不断努力。

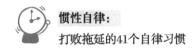

- 如果你有规律的日常锻炼和健康的饮食来滋养身心，那么你其实一直在做压力管理。

- 如果你的身体受到咖啡因、烟草和酒精等物质的影响，那么这可能会反映在精神和情感压力上，并影响你的自我修复能力。

- 保护另一项宝贵资源：你的时间。如果来自工作或家庭的需求会给你带来压力，那么你的任务就是建立健康的界限，并坚持自己的需求。每天划出休息和放松的时间，不要让任何人或任何事情影响这一点。

- 慢性压力可能是一个更大的警告信号，表明你的整个生活都需要改变。问问自己持续的压力是否表明你没有践行你真正的价值观、过度妥协，或者停留在一段最终对你无益的关系或工作中。

避免情绪化进食循环

这是一项艰苦的任务，让你的身体和心灵保持一致，朝着同一个方向——你试图为自己创造的未来前进。压力、诱惑、坏态度、上瘾和消极的自言自语肯定会让你偏离轨道，就像身体疾病或现实条件的制约那样。

大多数渴望更自律的人在饮食方面都存在一定问题，要么暴饮暴食，要么没有坚持他们知道对自己最有益的健康饮食，而去吃垃圾食品。即使情绪化进食对你来说不是问题，但很可能你在生活中的其他地方也有类似的问题。所有事情都如此，我们可以改变这些旧的模式和习惯，方法是让我们的意识控制它们，然后采取有意识的、坚定的行动来改变它们。

对食物的渴望是一种强烈的、有时无法抗拒的冲动，你会想吃不健康的食物，即那些高糖、高脂肪或高精制碳水化合物的食物。关键是，情绪化进食不是意志力的问题。你对食物的渴望会在你的大脑中释放让人感觉良好的化学物质，如血清素、多巴胺和其他令人放松的内啡肽。这些化学物质能带来舒缓、舒适、快乐和平静的感觉，但它们也会损害我们的健康。从长远来看，它们会对身体造成严重损害，因为这些化学物质是大脑神经化学奖赏系统的一部分，我们吃食物时感受到的愉悦使我们更有可能再次追求它们。这就是情绪化进食循环——我们每次食用不健康的食物，都强化了这种行为。

如何立即在你的生活中运用它

今天，这些不健康的食物已经在实验室里被设计得尽可能地让人上瘾——你的身体真的会忍不住被它们吸引。然而，你可以通过调整你的心态，改变你的身体和大脑对这些食物的看法来战胜渴望。布朗大学的研究人员使用核磁共振扫描来检测

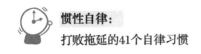
肥胖或超重志愿者在观看比萨、薯条和冰激凌等令人垂涎三尺的食物图片时的大脑活动。然后研究人员测试了几种不同的策略，鼓励志愿者一次花大约一分钟的时间运用这些策略。在一系列测试中，研究人员告诉他们：

- 想着食物以外的事情会让你分心。

- 接受并允许自己有这样的想法，但不需要对这些食物采取行动。

- 关注吃这些食物的负面长期后果。

结果如何？上述策略让志愿者降低了他们的渴望——这一点通过大脑活动就看得出来。你要将这些发现应用到生活中，你可以这样想：满足渴望是一种习惯，你需要用一种更好的习惯来取代它。从字面上训练你自己，这样每当你看到不健康的零食时，你就会告诉自己："这很好，但那又怎么样？从来没有人死于对零食的饥渴，它会过去的。"然后立刻把你的注意力转移到别处。也许你可以看看那一小块美味的食物，仔细想想它实际是什么——对自己的失望、高血糖引发的头痛、第二天早上裤子太紧而无法扣上纽扣的感觉。这就是你想要的吗？

永远战胜渴望的最后一个秘密是要明白，情绪化进食通常是一种自我安慰的尝试，也是一种外化的情绪调节方式。如果你发现自己在吃垃圾食品，停下并记下来这个时刻。思考一下你想满足什么情感需求，然后想一个更健康、更可持续的选择。如果你感到有压力或悲伤，那么吃甜食真的能让你感觉好点吗？你想要的到底是什么？

喝点柠檬水

这个小贴士并不是一个比喻——你真的可以通过喝一点柠檬水来提高你的自律能力。美国心理学会的心理学监测报告表明，经过详细的研究发现，大脑的葡萄糖水平和自制力之间存在直接联系。基本上，当你的血糖水平较高时，你在自制力测试中的表现会更好。这是有道理的——葡萄糖是大脑的燃料，你的自制力源自你的前额叶皮质，它负责决策、谋划和计划，这意味着你可以把葡萄糖想象成意志力的化学类似物。

将大脑的血糖水平保持在理想的范围内，这样你就可以随时准备好做出最好的决定，并能自我克制和有意识地行事。当你大脑中的葡萄糖耗尽时（或者血糖水平太高时），你的意志力就会被削弱。解决办法是什么？喝柠檬水可以帮你维持正常的血糖水平，尤其是当你感到压力大或遇到困难的时候。

这可能与许多关于自律的假设背道而驰。如果你有一个自

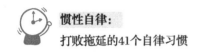

律的计划，这个计划要求你禁食或节食，那么请放心，这个计划肯定是不科学的。一杯简单的柠檬水（或其他甜味饮料）可以给你体力，这会转化为更好的精神和心理状态。持续的自我控制会消耗大脑中的葡萄糖，但你可以通过一杯美味的柠檬水来恢复。

如何立即在你的生活中运用它

当然，这不是以照顾大脑的名义去大喝苏打水或享受大量甜食的借口。这样做只会产生相反的后果：你的血糖水平急剧上升或下降，进而导致头痛、精力崩溃和情绪暴躁。因此，可悲的是，吃一打甜甜圈不会让你拥有上帝般的意志力。诀窍不是保持高血糖，而是将其稳定地保持在最佳水平。

因此，避免禁食，并确保你吃的是升糖指数低和纤维含量高的食物，这样你的血糖水平才会稳定。在一天中少食多餐，而不是吃几顿大餐，避免精制碳水化合物，因为它会让你体内的糖分泛滥，导致胰岛素水平激升和急降。确保你的膳食均衡，合理地摄入脂肪、优质碳水化合物和蛋白质。

你不需要吃一顿饱饭来补充血糖。喝柠檬水就可以为你的大脑提供一种直接的葡萄糖来源。如果你不喜欢柠檬水，可以试试喝甜茶或吃一小块水果。糖果和巧克力能有同样的效果

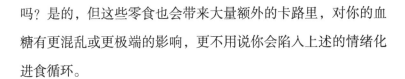

吗？是的，但这些零食也会带来大量额外的卡路里，对你的血糖有更混乱或更极端的影响，更不用说你会陷入上述的情绪化进食循环。

如果你在白天发现自己情绪低落、精力不足，那就停下来，你的大脑可能需要补充葡萄糖了。不要去吃糖果或垃圾食品，可以深呼吸，休息一下，让你的头脑清醒起来。喝一小口柠檬水吧，它确实有助于让你的大脑恢复活力。

小结：

● 身体和心灵都要保持健康，这意味着要采取能够让自律生活成为可能的态度和心态。制订一个减少、消除和避免诱惑的计划。如果你积极主动，先发制人，它们对你生活的影响就会小一些。

● 最大、最具破坏性的误区之一是，我们只有在时机成熟或想采取行动的时候才能采取行动。事实是，即使我们还没有足够的动力，我们也可以开始行动！动起来吧，你会发现情况正好相反：采取行动会激励你。

● 不要自责——没有人能从自我批判和自我仇恨的立场上有所进步。你要对自己有同情心，要友善，要原谅自己的失误，

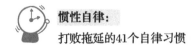

要把注意力集中在积极的方面。你不需要为了提高自己而让自己感觉难过。

- 我们都有变化莫测的情绪，但我们也拥有选择如何应对的能力。我们可以允许自己沉浸在一时的感受中，但不会让情绪打乱我们的目标或承诺。注意你的情绪，并选择不对它们做出反应，取而代之的是听从你理性的、有意识的头脑的指挥。

- 意志力是一种有限的资源，可能会被日常生活中许多微小的压力和紧张所耗尽。减少你生活中的总体压力，就能释放更多意志力来做真正重要的事情。压力管理这件事应该成为一种常规习惯，而不是等到你已经在煎熬的时候才开始行动。

- 把葡萄糖看作意志力的化学类比。少吃一些甜食来补充葡萄糖（当你的大脑正在运转时），你就可以提高自制力——确保你不会过度沉迷于不健康的甜食。

你的思考

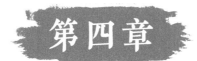

第四章

成功的态度

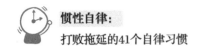

懒惰不是生产力

我们已经研究了让自律坚如磐石的生理和心理基础，以及确保你在达到目标之前保持一致性和坚守承诺的日常习惯和惯例。只有在这些基础条件满足之后，我们才能开始谈论生产力和成功。在这一章中，我们将从认知层面上看自律。再重申一次，如果你没有巩固之前的基础，那么我们在这里谈到的提示和技巧将是无效的。

你可能已经拥有健康的生活方式和良好的习惯，但仍然在生产力和成功方面苦苦挣扎。这一章正是为你准备的。最重要的是，当你实际上只是在浪费时间的时候，确保你不会陷入自律和高效的错觉中。虽然没有人愿意承认这一点，但纯粹的懒惰是导致生产力下降的头号因素。事实上，一些所谓的节省时间的方法——比如开会和发电子邮件，只是逃避实际工作的方法。你应该把注意力尽可能最高效、最实际地放在做那些真正重要的事情上。

你怎么知道某件事是否真的在帮助你实现目标呢？好吧，来看看这些情况。你监督自己，保持清醒和责任心，愿意根据你发现的情况进行改变和调整。为了提高工作效率，许多人默认了他们认为自己应该做的事情。他们开始写子弹日记，或者强迫自己凌晨4点起床。因为他们听说一些科技圈的亿万富翁就是这么做的。也许他们建立了一个精心设计的"组织系统"，坦率地说，这是一种分散和转移注意力的方式，而不是为了简单地进行工作。同样，如果你沉迷于"研究"和准备，或者在安装所有正确的应用程序和购买所有正确的工具之前，你似乎无法开始行动，那么承认吧：这些都不是前进的方向，它们的相同之处只是让你更加懒惰。

如何立即在你的生活中运用它

一如既往，答案就是你要更清醒地意识到每时每刻都在发生什么。正如我们在"严格遵守时间表"一节中所看到的那样，你需要持续地花时间来评估，尤其是评估进度，探究哪些是有效的、哪些是不起作用的，以及为什么，并制定明确的后续步骤来调整具体的流程。

一次专注于一件事，注意你的感受以及你得到的结果。保持条理清晰，不断问自己这个最重要的问题："我现在所做的事情是否积极地推动我朝着我的目标前进，我是在拖延还是在倒退？"

抵抗和拖延可以有多种形式，有时候，没有真正采取行动可能看起来像是在假装忙于最终没有意义的项目。挖掘你拖延

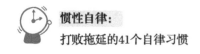
或懒惰根源的过程（我们真的应该开始让懒惰以它的真面目示人：一种应对机制）需要时间，也需要不断尝试和犯错。但我们需要极其诚实地对待那些所有看上去积极但实际上只是在浪费时间的事情。

例如，假设你正在努力变得更健康。你可以浪费时间、精力研究最好的运动方式，花钱请私人教练、买新的运动包。所有这些有什么共同之处呢？它们实际上并不是在推动你前进，只是你自己觉得它们很重要。如果你选择制订全新的锻炼计划，而不是立刻出去活动身体，情况就更是如此。同样，许多有经验的治疗师都知道，对于某些人来说，治疗本身就是一种对处理生活问题的回避。只要你在治疗你的问题，你实际上就不需要去直面并解决它们，对吗？

让朋友来监督

人类最伟大的能力之一就是我们的智慧。但是，我们的大脑可以执行惊人程度的自欺欺人、回避和否认，这也是事实。如果我们对自己不诚实，那么我们可能会浪费数年时间为自己的谎言买单，向自己的借口和拖延屈服。不过，有一种补救办法可以解决这一问题：求助他人。

问责制就像一个让你可以保持克制的外部尺度。欺骗自己是一回事，但说服别人是另一回事。有一个负责的同伴会让你集中精力，确保你检查自己的行为和目标，并给你带来一点积极的压力，这样你就不会松懈。这真的很简单：如果你知道有人在看着你，你就不太可能自我欺骗或拖延——如果那个人是你看重的人就更好了。

"积极的同伴压力"是一种让我们可以有意识地控制自己的生活，并利用所拥有的东西来实现目标的方式。如果你和一位密友一起朝着一个目标努力，你们可以相互激励，在艰难时期和想要放弃的时候互相支持，当你们努力坚持完成任务时，你们可以一起庆祝。毕竟，你是一个社会性的存在，你可以将这一点作为你的优势。我们都想要归属感，想让别人见证我们的成功，想要在接受挑战时被人看到和认可，想要得到支持。是的，我们也想要得到我们所爱之人的认可，希望他们能和我们一起庆祝里程碑。

如何立即在你的生活中运用它

友谊就像黄金，但并不是所有的友谊都能帮助你成为最好的自己。你需要明智地选择朋友，构建一个真正能够激励你、支持你，最重要的是帮你成为最好的自己的人脉网络。让你周围的人多样化，他们可以教你很多东西。选择那些已经实现了

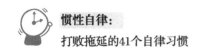

你的目标的人，这样你就可以把他们作为榜样。也要选择在同一条赛道上稍微落后于你的人，因为你可以通过成为别人的榜样和导师来获得很多成就和激励。

真正的朋友是愿意并能够帮助你成长的人。很多人都有亲密的朋友，但一些人的朋友潜意识里不想让他们进步或改变，要非常小心那些爱你却会阻碍你努力或让你止步不前的人。当心那些不是真正支持你的人，你需要一个可以信任的人，在你说废话时把你叫醒！

如果你试图改善你的生活，那么整个过程中会有起伏、挑战、成就和巨大的变化。好朋友是陪伴你走过这段旅程的人，你应该选择这个人做你的问责同伴。

- 一起报名参加一门课程或一场挑战，然后温柔地相互促进，甚至可以引入一点有趣的竞争。
- 让你的同伴了解内情，分享你的挑战和成功——如果你诚实地与同伴交流你的经历，你就更有可能坚持到底。
- 必要时要主动向同伴寻求帮助！
- 向选定的几个人宣布你的目标，并直接要求他们帮忙监督。每周向他们签到一次，分享进度，或者询问你是否可以随时向他们汇报成果。只要知道他们在那里看着你，你就会振作起来！

确定可控内容

由拖延到自律是一种强大的心态转变，当我们意识到我们在掌控自己的生活时，自律便水到渠成。无须归咎于其他人，没有什么能妨碍我们，也没有理由阻止我们从现在就开始改善我们的处境。然而，与生活中的所有事情一样，平衡很重要。你能控制的事情太多了，但你不可能控制一切！

想要控制你实际上不能（也不应该）控制的东西不是自律，而是徒劳的练习。更重要的是，这也是焦虑和压力的开始。太多的控制、自我约束和自律会让你看起来像是僵化的完美主义。"控制狂"没有自律，也没有条理——他们只是焦虑而已。

当你发现自己在担心的时候，不妨花一分钟时间检视一下你真正能控制的事情。缩小视野，现实地看待你的行动范围、你的责任，以及你在事件发展过程中所扮演的角色。自律会让你走得更远，但有些时候生活中发生的事情根本不是你能控制的。

即便如此，你还是有选择的。你可以意识到当下的情况，你可以选择怎么做，你也可以行动。你不能阻止暴风雨的到来，但你可以为此提前做好准备。你无法控制别人的行为，但

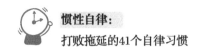

你可以控制自己对此的反应。

管理焦虑和担忧的关键是专注于你能控制的事情，并只担心那些事情。你会发现自己不那么分心、不那么焦虑，能更好地专注于真正重要的事情。

你要认识到，有时候，你能控制的只有你的努力和你的态度。当你把精力从不能控制的事情中抽离出来，投到能控制的事情上时，你会变得更有效率，焦虑也会消散。知道了这一点你就可以放心了，你已经做了你能做的一切——你还能控制什么？

如何立即在你的生活中运用它

正如人们在祷告时说的："上帝，请赐予我平静，去接受我无法改变的东西，请赐予我勇气，去改变我不能接受的东西，请赐予我智慧，去分辨其中的区别。"你也需要平静、勇气和智慧。

古代的斯多葛学派有一个避免焦虑、过度思考和沉思的绝妙方法：如果你发现自己产生了担忧和焦虑，就把它当作你需要停下来看看自己的想法、感觉和行为的信号。拿一张纸，在纸上画出三栏：第一栏的标题是"我无法控制的事情"；第二栏的标题是"我在一定程度上可以控制的事情"；第三栏的标题是"我完全能控制的事情"。

现在，花点时间思考一下让你感到有压力的问题，然后把它挑出来，比如，你对即将到来的绩效考核感到紧张，担心你未来的工作保障。请填写上述三栏，但是要尽可能做到真实和现实。你不能控制别人给你的绩效评估，虽然你可以这样做，也可以那样做，但这最终取决于你在年终考核中的表现。你可以完全控制你的整体态度、反应和未来的选择，无论是责备自己还是责备他人，你都可以控制自己的心态，以及选择从这种情况中学到什么。

在你花了一些时间分析情况之后（在仔细考虑之后，你可能会动摇几次），是时候采取行动了。记住，你的时间、资源、精力和意志力都是有限的。还要记住，你有自己的价值观、喜好和目标。考虑到这些，你打算如何做呢？

现在，把第一栏撕下来扔掉。因为在这上面花再多时间也是没有用的——当你知道它不会产生任何影响的时候，你为什么还要这么做呢？接下来，请看第三栏——这些是你可以做得最多的事情。在你将第三栏完全填满那些你可以控制的事情之后，就可以看看中间的那一栏，思考你如何才能在一定程度上驾驭这些事情并承诺采取具体行动。当你完成这些步骤的时候，把纸收起来，告诉自己："我现在可以放松了，我已经尽我所能了，其余的都不关我的事。"

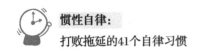

自主与责任感

让我们仔细看看控制力。你并不总是可以控制周围的事情，即便可以，你也很少能完全控制它们，但你永远拥有所有权和责任。"拥有"意味着成熟地认识到某样东西实际上是你的，不是别人的。让你快乐或富有成效不是别人的工作，你不快乐也不是别人的错。如果你感到懒惰、愤怒、犹豫不决或恐惧，那么说明这些感觉本就属于你，且只属于你。这意味着，只有你才能努力改变它们。

本书讲的是自律，不是训练。这事关对你自己的行为负责。你不受任何人、任何环境或事件的控制或操纵。是的，事件发生了，其他人做出了他们的选择，而我们永远都要为自己的生活和选择负责。

当你对生活中发生的事情不负责任时，就意味着你是受害者。如果你习惯于逃避、指责或找借口，承担责任可能会让你感到害怕，但承担责任实际上是一种自由，它以一种其他任何东西都无法做到的方式将你与你的权力联系在一起。

如何立即在你的生活中运用它

真正承担责任或许是一项贯穿终生的课题，但这也是我们

每时每刻都应该努力承诺做到的事情。

首先，要养成提问题的习惯——这项责任属于谁？

当你产生一种情绪时，当你说话时，当你行动时，当你思考某事时——它属于谁？有些人承担了太多的责任，认为一切责任都是他们的。这个问题也将帮助你识别这种模式。没有人能让你感觉、做或说任何事，同样，你也不能强迫其他人感觉、做、说什么，除非得到他们的许可！

其次，当你想抱怨的时候，请注意，抱怨是一种不承担责任的表现，这中间往往隐藏着责备。如果你感到不高兴或生气，别忘了问问自己在这种情况下的角色是什么，以及你正在采取什么措施来解决这个问题。忘掉别人应该做什么或不应该做什么，关注自己：你的行动范围是什么？当你抱怨的时候，你其实是在剥夺自己的权力。停下来并立即问问自己，你可以采取什么行动来改善你的情况，这将使你脱离受害者模式，开始主动承担责任。

另一种不承担责任的更微妙的表现就是被动地等待更好的时机，或者假设某人或某事会来拯救我们。观察自己是否经常说"总有一天"，不断地展望未来，而不是努力在当下做得尽善尽美。生活就是当下。当你认为好事迟早会到来（或者已经过去了）的时候，你就丢弃了自己的责任。不要总是被动等

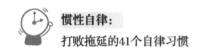

待，你要问自己："我现在想要什么？我现在能做些什么来实现这一点呢？"

最后，我们都可以学会在生活中承担更多的责任，通过选择理解事情的方式、选择把注意力放在哪里，以及我们如何对环境中的刺激做出反应或不做反应。你不必把每次侮辱都当作针对自己的，你不必同意别人的解释或别人安排的优先顺序，如果有人把不好的事投射到你身上，你不必相信这个投射是真的。不要被失败压垮，而要从中吸取教训。当你追求自己的价值和意义时，你就拥有了自己的生活。这会给你信念和勇气，它们比其他任何东西都更能增强你的力量。

练习感恩

感恩不仅仅是一种良好的情绪状态。当你练习感恩的时候，你的认知力、感知力、解决问题的能力、创造力和韧性也在被影响着。练习感恩是一件表面上看起来甜蜜而美好的事情，但是当你每天都练习的时候，它才开始显示全部力量。这可能会改变游戏规则。

你可能认为感恩与自我控制没有太大关系，但这两者是齐头并进的。当你练习感恩时，还会有同情心、关联性、满足

感甚至自豪感——你实际上正在打造良好的感觉和"幸福银行",这可以帮你预防未来的诱惑、障碍和挫折。

当你持续练习感恩时,你基本上是在培养一个精神免疫系统,它将让你免受失望、不耐烦、恐惧等不良情绪的伤害。当你能意识到并享受生活中所有美好的事物时,你会感到"充实"——这种充实让你能更优雅地处理生活中的困难。

举个例子:早上,你给自己做了一顿健康的燕麦早餐,加了一些蓝莓,还有一杯美味的咖啡。不过,你并没有狼吞虎咽,而是慢慢品尝每一口,仔细体会能在早晨吃一顿美味早餐是多么幸运。你带着积极的心态离开家,感到非常满足。稍后,当你在办公室看到蛋糕时,片刻间你会忍不住想吃,但你意识到自己已经吃了一顿美味的早餐,感觉已经很好了,那么这块蛋糕还算什么呢?

这种状态下的自律是否很轻松呢?

重要的是,什么都没有真正改变,唯一改变的是你的心态。你已经体会到了生活中很美好的事情,所以不会被其他事情所诱惑而分心。你能更轻松地做到自律,因为你感到感恩和满足,而不是消极地走向最坏的情况。当天晚些时候,如果你听到一些坏消息,那么你可能感到刺痛,但刺痛的程度可能会更小。

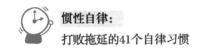

带着感恩的心情生活会让你注意到小小的收获，比如，公交车准时到达、陌生人为你扶了一下门，或者当你早上醒来时阳光透过窗户照进来。这些小小的时刻串在一起，就形成了一张幸福的网，随着时间的推移，它会提高你发现美好事物的能力。而且它的好处不止于此，它可以帮助你发现机会或解决问题的办法，而这些机会或办法可能是那些封闭且悲观的人无法发现的。

如何立即在你的生活中运用它

写感恩日记是一件美好的事情，而且它是免费的，可以轻松地完成（万岁！让我们感谢感恩日记的存在）。你只需打开日记本，养成每天记下你所感恩的事情的习惯。比如，好天气、可爱的猫、你爱吃的玉米煎饼打折了、昨天疼痛的背部现在已经不疼了，或者你在地板上捡到一枚硬币，等等。

不过，不要把你的感恩局限于日记本上。试着一整天都戴上"感恩眼镜"，有意识地寻找当下的美好事物。你有什么可以夸赞或自豪的？你得到了什么幸运的机会？你周围的环境中有什么可爱的东西曾经给你带来快乐，直到你厌倦并忘记了它们？寻找美丽、有趣或治愈的东西，注意那些让你面露微笑的事情，即使是很小的事情。大声地说谢谢，或者只是在心里说谢谢，甚至在使用房间里的物品时也要感谢它们。你有一个

"忠实的"咖啡杯，它一直在那里等着你，这不是很好吗？谢谢你的咖啡杯。

不要只是嘴上说说而已，要真正地培养感恩之心。停下来，让那种感恩和满足的感觉安定下来。感受幸福，沉浸在其中，并想象自己把积攒的这些美好的感觉都带到余生中。

相信意志力

让我们来看看最后一种可以支持你在达成目标的道路上取得成功的态度：自信。事实上，科学证明了这一点：如果你相信自己能做到，并且坚持自律，你就真的能做到。这对你来说是个好消息，因为在读本书的过程中，你必须至少一部分地相信，它可以培养你的意志力并改善你的生活。

意志力本身似乎还不够。相反，当涉及意志力时，更有效的似乎是随之而来的一系列信念、理解和期望。

到底什么才是意志力？它只是一种延时满足和有意识地选择朝着你的长期目标行动的能力。事实证明，这种能力预示着你更好的学习成绩、更强的自信心、更低的药物滥用或成瘾问题的可能性、更好的财务和健康状况，这种能力可以极大地改善你的身心健康。有了自律，你自然就会培养所需的耐心、坚

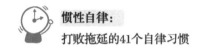

持和一致性，以实现真正重要的事情。

但当我们更深入地挖掘时会发现，这种自律必须来自一种坚定不移的信念，即你实际上可以做一些事情来改善你的处境。你需要真正相信一切尽在你的掌控之中，相信改变是可能的，相信你可以通过始终如一的自律行动来实现改变。行动绝对重要，但行动是由信念决定的。

你的意志力到底有多强？单靠努力和行动，你有多大可能实现你的愿景、渴望和计划？你的答案是什么，你的意志力就有多强。如果你说："我觉得我没有多少意志力。"那么你怎么能采取行动来实现你的愿景呢？但如果你说："我有坚定的信念，我相信我能做到，事实上我也知道我能做到。"那么你实际上已经比其他人有更大的成功机会了，即使你和对方拥有同等的资源、机会和能力。这可是件大事。

如何立即在你的生活中运用它

拥有自信可能看起来像是人们在心理自助类书籍中所看到的那些俗套的事情之一，但事实是，你的思想和身体有一种近乎神奇的能力，可以贯彻执行你的意识已经决定的事情。培养对自己的这种信念是很容易的。

2018年，多伦多大学心理学家迈克尔·因兹利赫特做了一项研究，他要求参与者根据自己的自律程度给自己打分。结果发现，那些对自己评价更高的人有着更幸福的生活、更好的人际关系等。有趣的是，对这些人的意志力的独立测试表明，事实上，他们并不比其他人拥有更多的特殊能力——他们只是相信自己拥有。但这种信念是很重要的。

因兹利赫特和其他研究人员后来发现，在这方面做得好的人并没有更自律的，但他们确实更喜欢对自己有益的习惯，而且似乎对自己抵制诱惑的能力更乐观。为自己开发这项能力的方法有两个步骤。首先，你需要养成更好的习惯，学习抵制诱惑和坚持好习惯的有用技巧；其次，你需要相信这是可能的，而且你个人可以通过努力做到这一点。

如果你发现自己在这方面有所欠缺，就开始弥补吧！令人惊讶的是，哪怕你仅仅对自己有一点信心都会开始改变局面！正如我们已经看到的那样，感恩、负责、诚实和允许别人追究你的责任是改善你生活的好方法，相信自己也很有价值。无论你的弱点是什么，无论你有什么障碍，都要坚信它可以改变，你也可以改变它。这种态度会给你巨大的力量。每天早上醒来要对自己说："我能做到。"你的"目标"会日复一日地改变，但只要你有自信，你就有更大的机会实现它，无论这个"目标"是什么。

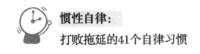
小结：

- 你的成功取决于你的态度。真实、诚实地面对自己，摒弃生活中那些看似让你更有效率，实则只是在浪费你时间的东西。要不停地问自己："这会让我进步吗？"

- 利用积极的同伴压力，对自己的承诺负责。说服朋友来见证你的成就，支持你，在你遇到困难时激励你。

- 对控制有一个健康的态度——尽管生活中有些事情我们永远无法控制，但我们总是能够对自己的反应和行动负责。试着用练习来学会辨别哪些是你能改变的，哪些是你不能改变的，并掌握辨别它们的不同之处所需的智慧。

- 自律的人知道，在生活中获得成功是自己的责任。他们不会责怪别人，不会抱怨，也不会等待许可。他们享受承担责任的自由。

- 定期的感恩练习会让你保持积极的心态，让你更有弹性、更有创造力、更能控制自己。每一天都要找到感恩的事情，让自己充满良好的感觉，让自律更容易。

- 如果你相信自己能做到，你就能做到。自信是成功的预兆，所以要对自己有一点信心！

你的思考

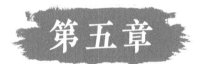

第五章

保持正念

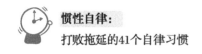

冥想激活

没有一本关于自律和生产力的书会不提到正念，否则它就是不完整的。到目前为止，几乎每个人都知道，冥想是对抗压力、提升幸福感和发展更强的自我意识的一种有效方式。毫无疑问，定期冥想将我们与我们的灵性联系在一起，帮助我们调整价值观，给我们时间和空间来体验感恩的感觉，并提高身体意识。不过，你可能没有意识到冥想还可以帮助你增强自我控制能力。

对神经成像的相关研究显示，冥想和正念练习可以增强大脑中自我调节相关部分的神经激活和连通性。《纽约科学院年鉴》2014年发表的一项研究有力地证明，冥想不仅对缓解压力和改善心理健康有好处，对坚持自律也有好处。如果你曾经冥想过一段时间，你可能会猜到为什么。冥想者的任务本质上是进行安静的自我调节和控制。在这本书中，我们已经谈论过如何意识到行为的模式和来源，以及让自己停下来，有意识地做出不同的选择。这种内在的知觉和意识正是我们冥想时培养的东西。

冥想把我们训练得更有觉察力，帮助我们减少不良情绪反应。借此，我们能够意识到情绪就是情绪，并且有足够的意志

力来清醒地选择我们的反应方式，而不是被分心、上瘾、恐惧和懒惰所迷惑。

冥想需要自律，自律也可以通过不断地练习冥想来培养。当我们坐下来冥想的时候，会坚定自己的决心，培养可以应用到生活中各个领域的习惯。我们可以通过冥想获得洞察力，锻炼恒心，并注意到此起彼伏的挑战、兴奋和干扰，我们看着它们出现又消逝。我们的意志就像溪水中的一块石头——溪水从它的边上流过，而它毫不动摇。

如何立即在你的生活中运用它

人们可能会被冥想吓到，或者认为冥想是一件枯燥、复杂的苦差事。其实并非如此，冥想很简单。

第一步：你要有信心，学习任何新东西都需要耐心和一点动力。

第二步：设定你的目标。记住，始终如一地坚持完成小步骤比大步前进更有价值。例如，你可以给自己设定每天至少冥想5分钟的小目标，风雨无阻。

第三步：坚持到底。当你遇到障碍时，保持微笑并与障碍交朋友，让自己慢慢越过它。要练习自爱——你不需要完美，只需要全力以赴，善待自己并保持清醒。随着时间的推移，你

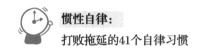

会不断进步。即使有一天你所做的只是坐下来，与自己脑海中的杂念斗争10分钟也没什么。只要你能意识到这一点就行了。第二天，再次坐下来，再次让自己意识到这一点。有时，你在实践中取得的最大进步不在于你花在冥想上的时间，而在于两次冥想之间。

也就是说，确保你在接下来的一天里不会破坏你努力冥想的结果很有必要。尽你最大的努力始终保持专注，而不仅仅是在你冥想的时候，关注你的身体、头脑和环境中正在发生的事情。停下来，深呼吸，意识到你的选择，仅做到这一项就会让大脑的自我调节中心更加活跃。注意你的饮食和睡眠习惯，调整精神类物质的摄入（包括咖啡因、酒精和非处方药），它们会影响你的精神状态，要尽量少摄入它们。任何类型的冥想都可能是有益的，但简单的呼吸冥想或指导式冥想可能对初学者最有益。

保持平静，处处留心

冥想是练习保持专注和自我意识的一种方式。每天练习冥想肯定会给你的生活带来更多的平静和放松，你不需要做太正式的冥想练习，但是，如果你认为在垫子上坐20分钟就可以改变忙碌、被动和消极的生活方式，就大错特错了！换句话说，

你最好把保持平静和处处留心都作为一种生活方式来练习，而不是时不时地去做一件不相关的事情。

当你平静、安宁、集中注意力时，你会变得非常强大。如果你能在此刻暂停并为自己打开一个觉察的空间，那么你就给自己打开了通向更多可能性的通道。你会意识到你的正确选择，并能有意识地做出这些选择。你在情绪上的反应会加快，压力会变小，不再那么匆忙，你会更有可能遵守你的价值观和原则，并坚持实现你的长期目标和承诺。

保持平静不只是一件让人感觉良好的事情，也不只是我们为了缓解压力而做的事情。学会定期放松我们的神经系统，实际上是为自律、正念和明智的选择铺平道路，这让我们能够在精神上、情感上和身体上都更有韧性。自律与平静、镇定、沉着是齐头并进的。

如何立即在你的生活中运用它

日复一日地保持平静和处处留心到底是什么状态？

经常练习冥想，会增强你的觉察能力，让你在情绪激动的时候能够停下来，对自己说："等一下！我现在感觉怎么样？这是怎么回事？"如果你意识到自己正在变得紧张、不开心、过度疲劳或生气，那么你可以按下暂停键，为自己创造一点空

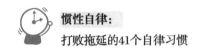

间。想象一下，在你的意识中打开一扇小窗，呼吸一些新鲜空气。

现在，你可以做几次腹式呼吸，把重点放在延长呼气时间上。这将调节你的中枢神经系统，并向你的身体发出信号，告诉你的身体是时候放松了。在这个状态下，你可以让高层次的、有意识的大脑驱动你对真正重要的事情采取行动。

试着体会自己的感觉、身体和心灵。试着用一句话来形容你当下的情绪，并观察你的身体在做什么，不要去判断，只需去体会。告诉自己这些感觉是短暂的，会过去的。

如果你真的感到有压力或惊慌，有时你能做的最好的事情就是参加体育锻炼。你可以出去跑步或长途散步，或者做一些像深度清洁厨房这样的事情。这会释放你的紧张情绪，将情绪转化为能量和行动。或者，你可以问问自己的身体需要什么，在听音乐、休息或做一些让你放松的事情后，你会感觉更好。呼吸一点新鲜空气，做个深度拉伸来缓解紧张情绪，让自己恢复精神，或者做一个短暂的正念练习，这些都能让你集中精力，站稳脚跟。

如果你发现自己被思绪迷住了，把它们写下来会有所帮助，这会减缓你的焦虑（尝试第四章中提到的斯多葛学派的方法），并帮助你缩小困扰的范围。你会发现，简单地把思绪抛

到九霄云外，会给你带来清醒和平静的感觉。

如果你有一份压力很大的工作，或者正在应对生活中的挑战，你可能很难保持冷静。但请记住，你总是可以停下来喘口气的，你可以识别自己所处的位置，并有意识地朝着你选择的方向采取行动。别着急。如果有必要，你可以请求别人多给你一些时间，或者告诉他们你会给他们回复。你可以设置边界。对于许多人来说，更平静的生活意味着更多地把任务委托给别人和从他们的生活中丢弃一些杂乱无章的东西。

放下自我

我们冥想不是为了赢得赞誉，不是为了与他人竞争，也不是为了吹嘘。冥想和正念是更深刻、更清楚地了解当下的方法。当我们冥想时，我们的精神波动，我们的个人幻想和叙述，我们的沉思、借口和内心戏——所有这些都被搁置在一边，这样我们就可以获得平静的意识，这意味着"自我"将不起作用。

许多人寻求个人发展，努力变得更有生产力和更加成功，这主要是一种自我锻炼。现在，自我并不仅仅意味着傲慢和以自我为中心，它的含义比这更宽泛，它指的是沉迷于自我认同

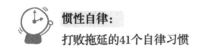
和自我意识的一种心理状态。一个人如果太看重自己，听不到批评，就会让他的自我占据上风。然而，那些固执地认为自己是失败者，听不到赞扬或不敢冒险尝试新事物的人——他们也有自我的问题。

我们可以把自我看作你认为的自己和真实的自己之间的一层面纱，它就像我们在世界各地走动和与他人互动时戴着的面具。我们需要自我——它就像一辆车，但这里存在一个要注意自我所扮演的角色的问题。没有必要"杀死"自我，或者想象我们需要成为一个完全没有个人欲望的、无私的僧侣或修女！

让我们把这些放在自律的背景下考虑。你的自我会阻碍你成为最有创造性、最高效、最坚定的自己吗？确实如此。

首先，你的自我会让你很难冒险或尝试新事物，因为你害怕别人的看法。一个强大的自我可以让你避免胆怯、避免寻求帮助、避免过度担责、避免在学习新东西时看起来有点傻。结果，你的自我完好无损，但你什么也没有学到！

其次，自我会让我们陷入守旧的陷阱。自我就像你扮演的一个固定的角色，如果你一直在想："不，我的角色永远不会那样做。"那么你就是在限制甚至损害你自己。为了保护你的自我，你会避免新的或具有挑战性的情况，忽略有价值的批评和反馈，或者只是因为某些东西似乎不适合你的"自我"而拒

绝成长和发展。

如何立即在你的生活中运用它

放下自我并不难——只要我们保持警惕，这是我们每天都能做的事情。

- 把注意力放在过程而不是结果上。不管怎么说，这都是你真正能控制的，专注于过程会防止你被奖励、表扬等分心。

- 永远把自己当作初学者。你可以放心地说"我不知道"，每当你学到新的东西时，还会出现有其他东西。保持谦虚，克制让自己成为通晓一切的专家的冲动。封闭就是停滞不前！

- 告诉自己，失败或犯错并不能定义你——这意味着超级成功也不能定义你。对自我价值使用一套内部衡量标准去评价，它不容易受到外部变化的影响，这意味着你需要在更深的层面上了解自己，并有目标地努力。

- 向自己承诺，放弃比较的习惯。当你在做这件事的时候，就不会再想说闲话或抱怨了。

- 打破思维的局限。经常与观点不同的人交流，欢迎多样化的思想，并保持谦虚，时刻提醒自己：我是大局的一部分。

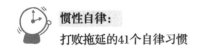
- 为自己的目标努力——做那些即使没有人认可或表扬你也会去做的事情，以及那些比获得骄傲和满足感更重要的事情。

- 认识到你没有资格一直拥有任何东西。同时，你要知道，这并不意味着别人的话可以轻易动摇你的价值观。

受苦和痛苦之间的区别

我们可以从佛学理论中学到的一种很好的智慧是对待受苦和痛苦的态度——这两者不是一回事！

在生活中，痛苦是不可避免的，但受不受苦是可选的。

这是什么意思？我们都活在有缺陷的肉体中，肉体最终会腐烂和灭亡。在这个转瞬即逝的世界，失去是必然的，所以我们会经历痛苦。我们爱的人会死去，意外时有发生。例如，我们生病了、我们摔断了什么东西、我们的脚趾被绊了一下。这一切都是痛苦——这是生活中正常而自然的一部分。

然而，受苦是更进一步的。受苦是我们的心灵对痛苦的依恋，这是我们围绕痛苦自己编织的故事。自怜、自我否认、担心、后悔、愤慨、抱怨……所有这些都与最原始的痛苦不是一回事，这些东西有时被称为"第二个飞镖"。如果你被飞镖射中，会感到非常痛，这是"第一个飞镖"，但如果你随后拔出飞镖，并在接下来的3天里对投掷飞镖的人大发雷霆，这就是"第二个飞镖"，这是一种纯粹可避免的痛苦和不悦。如果你这样告诉自己："那种痛苦本不应该发生，我现在真的很生气，我不会就此罢休。"这就是你在给自己制造痛苦——有时制造出的痛苦要比痛苦本身严重得多！

因此，你看待痛苦的方式很重要。当你头脑清醒的时候，你就能体会这二者的不同之处，并注意到你是否在主动选择受苦。记住，你无法改变痛苦的事实。事实上，疼痛对身体有益，它提醒我们注意危险，激励我们采取有益的行动。生活中有些痛苦是不可避免的，但受苦不是。我们的目标不是过一种没有痛苦的生活，而是停止给自己制造不必要的、可避免的痛苦。停止指责别人、找借口、把事情归罪于别人、讨价还价、谴责、评判，或者进行消极的自我对话，这些对改善情况没有任何帮助。

我们应该对痛苦持什么态度？我们可以和它坦然相处，并让它过去。我们不一定要喜欢它，也没有理由去纠结它，跟它争论是没有意义的。我们应该对受苦持什么态度呢？我们需要记住，受苦是我们可以控制的。我们需要把注意力从痛苦（毕竟，我们对此无能为力）转向受苦（我们能控制）。

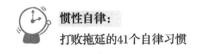
如何立即在你的生活中运用它

是的，我们要"留意我们的情绪"并运用有意识的、理性的决策思维。我们不是要完全摆脱不好的感觉，推开它们、贬低它们或评判它们。对待痛苦第一步是意识，第二步是接受。如果它让你感到受伤的话，没关系，你只要接受它就行了，意识到我们的痛苦，并接受我们正处于痛苦之中的事实。

你不需要任何判断、解释、修正或否认，简单地接受痛苦就可以了。你要对此保持好奇，平静地看看它是什么。不要试图逃跑，不要抓住它，也不要把它推出意识，你可以花一点时间做深呼吸。你能辨别纯粹、简单的痛苦和受苦（你对痛苦的依恋和围绕这种痛苦编造的故事）之间的区别吗？记住，你只是处于一种探索的状态，你不是在诊断、评估或编造故事。

当你下意识为自己编造的故事出现时（例如，"我应该热爱我的工作，所以如果我在工作时没有动力，就意味着我在某种程度上很软弱""这种事总是发生……"），你只要注意到它就行了，不要对它评头论足。你只需要意识到背后的原因，了解这个故事是如何与你的自我认同相契合的。渐渐地，痛苦和受苦都会在你不纠结它们的时候过去。

了解你的弱点

保持正念，意识到你的身体和思想正在发生什么，是坚持自律的有效方法，因为你知道的越多，就能做得越好。正如我们在前一章中看到的，避免诱惑首先要意识到是什么触发了你的自我欺骗或让你偏离目标，然后避免那些你知道会分散你注意力或让你脱轨的事情。当然，这只有在你真正了解自己行为的情况下才能奏效。如果我们能够放下自负，诚实地面对自己的弱点，我们就可以先发制人，在任何诱惑或挑战绊倒我们之前，采取行动避开它们。

到目前为止，我们的正念技巧都集中在当下，这是可以理解的。但有时，更多的正念意味着要了解你未来将如何行动，然后相应地做出调整。知识就是力量，而自知就是自我力量！

要积极主动。如果在几个小时或几天前就能提前避免诱惑，就不要把自己置于诱惑已在眼前不得不抵御的境地。如果你知道这周六你需要跑五千米，而你的朋友邀请你周五去烧烤，那么你最好跳过它。这个单一的决定基于你对自己弱点的了解和对事情可能如何发展的常识，使你提前避免与自己的欲望做斗争。如果你知道食品储藏室里有零食会让你暴饮暴食，你会把它们都吃光，就不要把食物放在储藏室里。

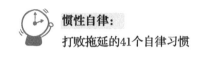
这是一个非常有说服力的观点：我们都有弱点。没错，但我们也拥有对抗这些弱点的工具。我们所需要的只是诚实地意识到自己现在所处的位置，以及采取一个绕过盲点的智慧策略。

如何立即在你的生活中运用它

万岁！又到列清单的时间了。列出两个清单——在一张清单上写下你给世界带来的所有价值，也就是你的长处。想想那些对你来说很容易的事情，比如，你的技能和热爱之情。想想那些你可以连续做几个小时而不会拖延的事情。在另一张清单上写下你的短处。不要责备自己，这些只是现在对你来说具有挑战性的事情，令你不舒服或你不熟悉的事情，或者你过去一直在挣扎的事情。

将自我意识带到以下两个方面都会有所帮助，因为它可以指导你的行动。

对于你的长处，你要不断地问自己，如何利用你擅长的东西，最大限度地发挥你的天赋和热情。看看你列在清单上的事情，问问自己是否有足够的机会享受、利用或发扬这些方面。

对于你的短处，你要不断地问自己，还需要做些什么来弥补（再说一遍，尽量不要那么自我）。对于某些短处，你可能

永远无法"补足"它们，但你肯定可以绕过它们，减轻它们的影响。

如果你能用你的长处弥补你的短处就更好了——也就是说，怎样才能用你的长处来平衡、抵消或改进自己那些有欠缺的部分呢？

记住，要诚实地看待你的长处，也不要认为你的短处是缺点——事实上，它们是你的老师，它们会告诉你，你会在哪些方面收获最多，如果你肯在它们身上投入的话。

小结：

- 正念和冥想不只是减轻压力和提升幸福感的方法，它们更是增强自我意识、降低反应性和提高自律能力的技巧。当你冥想的时候，会激活大脑中负责自我控制的部分，从而加强这些神经之间的联系。

- 冥想不仅是一项独立的活动，也是一种生活方式。你要想办法全天保持清醒，并利用这些平静、受控和积极的感觉来重新触发你的自律机制。停下来，意识到你的内心和外部环境正在发生什么，留意你的想法和感觉，而不是判断或解释它们。

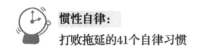

- 对于那些想要坚持自律和改善生活的人来说，一个主要的绊脚石就是他们的自我意识。自我是一张面具，它不是真正的你。你要经常提醒自己关注过程，而不是结果，接受自己是一个初学者，认清自己也会犯错。你要停止表演，勇敢面对当下的状况——不去比较，不去评价，也不去批判。

- 在你的自律之旅中，你会遭受痛苦，这是不可避免的。但是受苦（我们对痛苦的依恋）是可以避免的。指责、纠结、后悔、自卑、怀疑、焦虑等都是可以避免的反应。当生活对你不利时，尽量不要向自己扔"第二个飞镖"。有了自我意识、冷静和富有同情心的自我接纳，我们就可以让痛苦和受苦都成为过去。

- 知识就是力量，自知就是自我力量。如果你知道自己的长处和短处，你就可以有意识地扬长避短，从而减少面对困难时的拖延。不要过分纠结于你的短处，要正视它们，把注意力放在能让你更有所收获的、好的方面。

你的思考

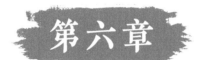

第六章

时间管理的真相

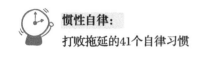
把"大石头"放在第一位

时间管理就是确定你的优先事项，这样你就可以把注意力放在最重要的事情上。虽然这在直觉上很有道理，但事实是，我们中的大多数人都倾向专注于那些根本不会影响大局的任务，却在做真正重要的任务时磨洋工。

20世纪80年代，独立作家、生产力大师史蒂文·柯维是第一个推广"吃青蛙"概念（把吃掉一只"青蛙"作为早上要做的第一件事）的人。"吃青蛙"意味着在早上首先做最重要的事情（或者最具挑战的、要求最高的事情）。这个概念的原理是，如果你当下把处理最重要的事情作为一个优先事项，你就不会让自己有机会被其他不重要的信息分散注意力，或者受到诱惑，你就不会因为那些看似重要但实际上不会让你获得任何进步的小任务而分心。

记住，你拥有的是几种有限的资源：时间、意志力和精力……更不用说机会了。如果你想成为一个有效率的人，实现你的梦想，不只是"迟早有一天"，而是越快越好，那么你需要最大限度地利用你拥有的资源。你别无选择，只能无情地排除干扰、诱惑和无关紧要的信息。

把"大石头"当作你的优先事项。这些"大石头"是指最

重要或最有影响力的目标、行动或事件。打个比方：想象一个大玻璃瓶，你的目标是尽可能地填满它。如果你先用小石头填充，再找地方放大石头会很难。但如果你先把大石头放进去，那么总会有一些空间可以塞进几块小石头。

玻璃瓶的大小是固定的，代表你手头有限的资源。"大石头"是你需要优先考虑的事情，而"小石头"是那些会打乱你时间表的碎片化日常任务，它们是很低效的。通常，人们生产效率低下是因为他们不知道自己的"大石头"是什么，而是因为他们有太多的"石头"（这几乎等同于没有），或者他们无法从浪费时间和精力的、琐碎的、无意义的"小石头"中抽身出来。

有优先级意味着某些任务必然会被搁置。事实上，你必须对大多数任务说不。这需要自律，也能促进自律。如果你在上午10点就已经完成了一天中最有成效、最重要的工作，想象一下你会感觉多棒。你会在这一天的剩余时间里找到机会来完成其他琐碎的任务。在你完成最重要的任务之后，它们都会找到适合自己的位置。

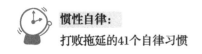
如何立即在你的生活中运用它

第一步是明确识别你的"大石头"。要做到这一点，首先要了解你通常要做的所有任务，然后根据以下类别对它们进行分组：

- 不紧急也不重要的（水）。

- 紧急但不重要的（砾石和沙子）。

- 重要但不紧急的（小石头）。

- 紧急且重要的（大石头）。

紧急且重要的任务总是要最先完成的。紧随其后的是重要但不紧急的任务，再之后是那些紧急但不重要的任务。最后，如果你愿意，不紧急也不重要的任务可以被委派给他人、忽略或推迟到你有空的时候做。不要很英勇地努力完成每一件事——这不是提高效率的方法。如果你不先把"大石头"放进玻璃瓶，相信我，你之后就没有这样的机会了。

请记住，纠结于你可用的资源是没有意义的——玻璃瓶是多大就多大，仅此而已。你的效率来自你的自律——能够优先安排和组织你的时间和精力去处理那些"大石头"。那些砾石、沙子和小石头往往会以这样或那样的方式自行理顺。认真检查你的时间表，确保"大石头"在你一天的事项中排在第一位。

根据自己独特的节奏进行时间管理

当然，上述方法基于早晨的确是你一天中效率最高的时间段的假设。也许你的"生理黄金时间"实际上可能完全不同。我们每个人都有自己与生俱来的身体节奏，我们的精力、生产力和创造力在24小时内起伏不定。我们需要仔细识别自己独特的生产力和精力高峰期（黄金工作期）以及它们何时会下降。这样，我们就可以相应地安排我们的时间，最大限度地利用我们的时间和精力。这样想吧：如果你在一开始就养成一点自律习惯，并确定你的黄金工作期，那么从本质上说，你总体上就会需要更少的自律，因为你会顺应你的身体节奏，不与之背道而驰。

如何立即在你的生活中运用它

再说一次：自知就是力量。首先，你要花一两个星期的时间，让自己处于观察模式，观察你正常的身体节奏是什么样的。不要做任何假设。你可以写日记，以每小时递增或递减的方式记录你的能量水平从1到10的变化。你可以选择单一的衡量标准，即你倾向于完成多少工作，也可以将其分解为几个衡量标准，如精力、创造力、乐观的心态等。收集的数据越多越好，所以请慢慢来，摸清你自己的节奏。不要想当然地认为你

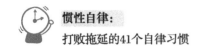

在早上会更精力充沛，也不要通过节制睡眠、服用兴奋剂或镇静剂来干扰你的自然周期（咖啡因和酒精都是大祸害）。

在收集了一些关于你的生产力和精力如何变化的信息之后，花点时间把它们汇编起来，并以可视化的形式表现出来。有些人真的制作了一张图表，显示了他们24小时内能量水平的变化。现在，你既掌握了自己能量水平自然变化的节奏，又拥有了每天的时间表和日常任务的安排。你的目标是在不对你现有的日常生活造成太多干扰的情况下，尽可能地将这两者进行匹配和调整。

做这件事需要自律，但如果能把这件事做好，就能达到事半功倍的效果。你不会与自己的精力"对着干"，也不需要勉强耗尽精力才完成更多工作。有时候，自律与其说是你日复一日拼命地处理事情，不如说是聪明地先发制人，计划和制定策略，这样你的每一天都能更顺利地进行，而不需要付出太多有意识的努力。

还记得你的"大石头"吗？这些任务的执行时间应该与你的黄金工作期保持一致。把低技能、普通的工作留到你感觉创造力和乐观程度较低的时候再做。当你感到悠闲和清净时，可以安排间歇和午休，这样你就能最大限度地利用身体的充电能力。例如，你可以确定每天大约10点半到13点半这3个小时的黄金工作期，在这段时间里"吃你的青蛙"。然后，在你的能量水平开始下降时投入到其他不太重要的任务中。到了晚上，你的精力和热情正在消退，你可以做一些诸如打扫卫生、做饭、社交、阅读、锻炼、冥想等不那么耗费精力的事情。

记住，你可能会在一天中发现不同的峰值——例如，你可能在早上头脑最活跃，在下午的早些时候身体最强壮，在傍晚最能解决问题和构思创造性的解决方案。因此，你要做好相应的规划。

倒计时的力量

你知道你总是有能力调整你的关注点和情绪，这难道不是一件很棒的事情吗？无论以前发生了什么，你总是有能力停下来，意识到，并决定你要如何发挥个人力量扭转乾坤。有些人发现自己很容易保持一整天的良好心态，很容易就能保持专注和乐观。然而，当一些特别强烈的情绪出现时，事情就会变得混乱，他们感到自己无法"振作"起来。

你是那种会被不知从哪里冒出来的焦虑吞噬的人吗？你是不是脾气不好，发现自己会很快失去冷静，以至于在你还不完全清楚事态之前就大发雷霆？你是否发现自己会很快被消极

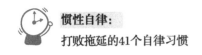
的自言自语冲昏头脑，在短短几分钟内就彻底毁掉了自己的心情？此刻，你可能想尝试几种快速控制自己的技巧。有时候，我们只需要一点推力，一个快速的注意力转移，或者一个心理上的触动，就可以让我们从消极的旧模式中解脱出来，重新燃起前进的动力。

如何立即在你的生活中运用它

这里有一些方法可以让你重回正轨，并迅速打破消极情绪或分心的循环。这些方法本身并不会解决任何潜在的问题，但它们会让你很快进入一种更冷静、更理性的状态，从而有可能进行更深入的分析和更果断的行动。

一种方法是使用倒计时。比如，你感觉自己真的很懒，没有动力。你可以从十开始倒数，强迫自己在倒计时结束就立即开始行动。从十数到一，然后从沙发上站起来开始行动，或者立即拿起你的笔或翻开书。听起来很简单，但这是一个强大的心理技巧，它可以打消拖延的念头，让你进入正确的状态。

如果你的问题是焦虑，你就要认识到自己不是焦虑的奴隶，你可以采取行动减少焦虑情绪。有一种"五四三二一法"可以帮助你缓解焦虑。先深呼吸几次，然后观察你周围的环境，找出你能看到的五样东西、你能听到的四样东西、你能摸到的三样东西、你能闻到的两样东西，还有你能尝到的一样东西。这种脚踏实地的方法会让你的头脑平静下来，并把你的注意力带回当下，然后继续行动（还可以加上倒计时的方法）。另一种缓解焦虑的方法就是把它"烧掉"。你可以做一些剧烈运动，这会让你的身体产生大量的内啡肽，让你平静下来，同时保持积极主动的心态。

如果愤怒会威胁你的工作效率，那么倒计时也会有帮助。停下来，深呼吸，在你做其他事情或说其他事情之前，从十开始倒计时。你可以出去待一会儿，置身于大自然中，伸展你的肌肉，分散你的注意力，听一些音乐，或者让自己进行短暂的休息，直到你的愤怒消退。当你感觉头脑更清醒时，不要只是回到事情上——想一想你的愤怒情绪是否指向一个特定的行动。

打破消极情绪或分心循环的关键是回到当下。通过暂停、观察和调动你的五种感官来做到这一点。你所需要做的就是创造一个头脑清晰的瞬间，然后在那一刻选择正确的东西。试试这个方法：倒数十个数，然后继续。

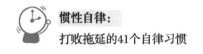

避免拖延的有效方法

我要告诉你一个小秘密：对付拖延症很容易。我们等了这么久才深入研究拖延症是有原因的———一旦你大致掌握了自律的技巧，养成了健康的生活方式，并端正了你的态度，你就不必与拖延症做斗争了，因为这种事不会经常发生。从根本上避免拖延要比发现拖延严重后再试图与之抗争要好得多。

拖延的习惯一旦根深蒂固，确实会对你的梦想、你的决策和你的自尊造成严重破坏。自律的人不拥有任何神奇的力量来让他们保持动力，也不会在感觉懒惰的时候强迫自己开始工作。相反，他们了解动力如何产生以及为什么动力有时会减弱，他们知道如何在挑战出现之前就绕过它们。

如果你已经清楚地勾勒出了你的目标，制定了一个现实的时间表来安排自己的日常活动，并解决了实现这些目标的任何阻力，那么你就成功了一半。有了积极的心态、健康的生活方式，以及足够的、适当的奖励和休息，你应该就能够大幅减少你生活中的拖延。是的，我们所有人都会时不时地有点懒惰，但如果你生活中的其他事情都很协调，你就可以把拖延的存在视为一个有用的信号，它表明你在日程安排、心态、目标、生活方式等方面仍然有提升的空间。

拖延是一个会不断强化和自我放大的循环，一旦开始就很难停止。但如果它没有机会开始，就更容易被避免和预防。一定要留心它的早期迹象并且迅速介入，不要延误时机。这里有两个主要的方法可以确保你永远不会让拖延有开始的机会，或者一旦拖延开始，就把它的影响降到最低。

如何立即在你的生活中运用它

第一种方法是试着理解正在发生的事情和原因。通常，我们依靠自我控制和动力来促使自己去做我们需要做的事情。如果这个过程不起作用，就要仔细观察在哪里出了问题，以及为什么不起作用。

- 有什么消极的事情让你泄气吗？
- 有没有什么现实的事情在阻碍你的行动？

人们拖延的原因可能有上百万种——缺乏活力、完美主义、糟糕的计划和安排、感觉不知所措或力不从心、下意识地根本不想做这项工作、缺乏自尊、目标不明确、缺乏有意义的奖励或激励、对积极或消极结果的恐惧、抑郁……哪一种是导致你拖延的幕后推手？承认吧，可能只是纯粹的懒惰，但可能还有一些更严重的问题需要你去解决。

在本书中，我们已经找到了提高你与生俱来的自制力和自

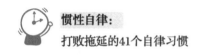

律力的方法。但如果你的拖延是由另一个问题引起的，如果你希望重新获得生产力和前进的动力，那么这个问题就需要得到解决。

一旦你诚实地找出了自己拖延的原因，你就可以采取有意义的步骤来解决这个问题。但是，如果你是因为更复杂的原因而拖延的，试着制定更严格的自律规则可能只会起到临时创可贴的作用。

当然，如果你拖延的原因很简单，那么这个方法也适用。战胜拖延症最好的方法是什么？不惜一切代价恢复你的动力。是的，我说过我们应该先处理我们的"大石头"。但是，如果你觉得被困住了，没有灵感，那就反其道而行——把任务分成小份，然后一次只做一份——让自己重新行动起来，然后给自己适当的奖励。

通常情况下，拖延是因为我们的大脑说服我们，做这项任务是不可能的或令人不快的，你要尽你所能证明大脑是错的。

把你的待办事项减半

有点好笑的是，当你想象某个"高效能"人士时，你会想象他们超级忙碌，他们的日程安排得满满当当。事实上，世界上最有生产力的人是最自律的，他们已经学会了和自己不做的事情保持距离。当你缩短待办事项清单时，你事实上所能做的事并不会更少，而会更多。

着重把几件事做好，远比匆忙地、三心二意地完成许多无关紧要的事情要好得多。这归根结底在于你的关注度、价值观和你真正的目标。自律能让你不断排除杂念，把注意力重新放在真正重要的事情上——无论是目标本身，还是让你能更接近目标的任务。

同样，时间和资源管理不善也是一个问题。你是否觉得自己在不断地耗尽意志力和时间来驱散分心的事情和诱惑？如果把你的整个生活和日常安排设计成你根本不会经常遇到这些诱惑的样子，那么你会快乐得多。

实际上，对于你来说，根据你想要做的工作的性质、你的工作风格和你的约束条件创建一个不办事项清单，可能比创建待办事项清单更有意义。这会让你的注意力集中在重要的事情上，帮助你把事情做好。这也意味着你为自己节省了宝贵的精

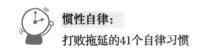

力，毕竟日程安排中的混乱可能是有组织的，但我们也可能被心理负担、担忧和其他浪费时间的方式拖累和分心。

然而，你不需要真的单独创建一个不办事项清单来实践这一原则。你可以在每天早上看看你为自己做的计划，然后问自己："什么是已经不再重要的事？我可以删除、委派给他人或修改哪些事项？"这不是拖延的借口，而是减少一些不必要的事项，这样你就可以集中精力做最重要的事。你可以更新你的优先事项，也可以放弃某些特定的东西，因为现在情况不同了。如果你认为某件事不太相关，你可以直接忽略它而不必感到内疚。记住：少就是多。

这里有一些提示，你需要精简你的待办事项清单，或者至少更新你写清单的方式。如果你注意到你一直没有完成清单上的大量事项，那就说明你给自己分配了太多要做的事情。继续创建你永远无法完成的、长长的清单只会浪费时间，更不用说那些迟迟没有被勾掉的事项了，它们只会让你感觉更糟。实际上，你只是在坚持一种对你来说毫无效果的列清单技巧，并没有给自己机会去反思如何才能真正完成这些事情。如果你的待办事项清单让你感到不堪重负或者想拖延，那也是一个不好的迹象，就像你被这个清单支配了一样。

如何立即在你的生活中运用它

归根结底，你对任何一项任务都只能采取有限的行动：

- 你可以立即自己做。

- 你可以委派给别人做。

- 你可以推迟到以后再做。

- 你可以把它归档保存。

- 你可以删除它，再也不想它了。

你想要避免的是让前面没有提到过的行动或任务把你的生活和你的待办事项清单填满，也就是无意识地对某事感到压力而不想做任何事情，或者把一张纸从一个地方挪到另一个地方。

如何决定怎样处理你一天中遇到的各种任务？如上所述，你可以询问它们是否：

A）重要

B）紧急

- 重要且紧急的：要么现在去做，要么委派别人去做。

- 重要但不紧急的：要么推迟，要么归档。

- 紧急但不重要的：推迟、委派或删除。

- 不重要也不紧急的：委派或删除。

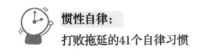

一旦你做出了决定，就行动起来，不要在事后怀疑自己。不要只是列完清单就去行动，要花点时间筛选一些有用的东西。对于我们大多数人来说，这意味着至少要把待办事项清单缩短一半！

找出你的模式，并改变它们

在前面的章节中，我们谈到了理解和运用独特的身体节奏，理解拖延周期的形式，以及为什么诱惑会以同样的方式一次又一次地出现。这些都是模式。通常，我们会意识到我们想要改变的单个行为，但这些行为实际上是我们生活中重复出现的更广泛模式的一部分。通过已经讨论过的一些正念和冥想技巧，我们可以更加清楚地意识到自己正在做什么和为什么这么做，我们可以看到我们行为的触发因素、我们的默认心态、我们根深蒂固的反应。这个理念很简单：如果你能观察和理解这些模式，你就有机会改变它们。

模式是根据我们的性格、自我概念和心态形成的根深蒂固的习惯。但它们是可以改变的！我们可以将生活理解为一个庞大的、相互关联的系统，将我们的行为和思想理解为流程，这可以让我们对更大的图景有更深入的了解。到目前为止，我们

已经看到了构成"自律"图景的小像素，但我相信你将感觉到
那个在自律、高效和成功的生活中发挥作用的更大的系统。

其实，生活中存在你不想要的模式（比如持续的负面自我
对话、重复的关系问题或反复发生的健康问题）是正常的。人
人都有这些模式，但我们可以选择让自己变得用心、诚实和积
极，来改变这些模式。我们可以把我们正在遵循的模式中的洞
察作为帮助我们变得更好的线索。如果你能用心地、诚实地、
积极地克服弱点或盲点，同时发挥自己的长处，那么你的弱点
或盲点就不一定是问题。

如何立即在你的生活中运用它

与其他方法一样，它始于意识。如果你发现自己又拖延
了一次，或者做了一些你明知道会伤害到未来的自己的事情，
那就太棒了。你需要先停下来，并意识到这一点。然后放慢
脚步，拆解你所看到的结果和过程。是什么触发了它？它的背
景是什么？你感觉如何？紧随其后的行动、想法或感觉是怎样
的？结果如何？与过去发生的情况相比如何？当你考虑这些问
题时，你会逐渐得到答案。你能看到一个模式吗？有时候一次
性的事件没有任何意义，但是你可以睁开眼睛，看看自己是否
能在这次事件中看到重复、习惯和麻木。有时，看似混乱和随
机的东西实际上只是一个我们还没有认识到的更大的模式。如

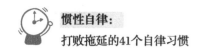
果你觉得你在一遍又一遍地重复同样的场景、同样的故事、同样的关系，那么这就是一个线索，表明你是时候成长和改变了。

找出正在发生的事情的逻辑。把你自己看作一个在组织生活和自我的人，问问自己，组织的规则是什么？这一模式目前的作用是什么？你也可以与值得信任的人分享你的见解，因为别人往往更善于发现我们的模式。

洞察你自己的模式，只需要做几件简单（但不容易做好）的事情：

- 集中注意力！
- 意识到并尽可能清楚地看到模式。
- 有意识地致力于用行动打破它。

举个简单的例子，你可能会注意到，每当你和某些人出去玩时，你的意志力都会消失，你会被触发一系列行为，最终以你不希望的方式结束旅程。于是你反向表现，决定碰碰运气，然而你可能会在不同的环境中遇到它们，也可能根本就不会再遇到它们。

小结：

- 意志力是一种有限的资源，时间也是有限的。自律需要有意识地控制我们消磨时间的方式。我建议你听从斯蒂芬·柯维的建议，把"大石头"放在第一位，生活中不太重要的任务可以稍后再挤进去，用你的优先事项开始新的一天。

- 不是每个人都会遵循相同的睡眠/清醒周期，这要求你理解自己的节奏并与之配合。找出你的黄金工作期，并在这段时间安排你最重要或最艰巨的任务。如果你是在用你的自然动力流工作，就不需要消耗太多意志力去自律。

- 打破焦虑循环或克服强烈脱轨情绪的一个好方法是从十开始倒数，然后强迫自己立即行动。焦虑可以通过从五种感官上意识到当下的时刻来缓解。愤怒可以通过按下暂停按钮、深呼吸和休息来缓解。

- 拖延可能是一个信号，表明你的日程安排、目标或心态没有达到应有的水平，但我们所有人都会时不时地因为懒惰而拖延。你可以通过尽快恢复动力来解决问题。从最小的任务开始，或者向自己承诺只做五分钟。如果你的拖延来自更深层次的问题，那么你需要首先解决这些问题。

- 待办事项清单可以帮助你集中精力，但如果你是一个长期过度工作的人，那么不办事项清单可能更适合你。检查清单上

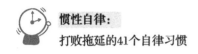
的每一项，问问它是否重要和紧急。既不能忽视又不能委派给别人的任务，都应该优先处理。

- 最后，要善于找出自己的模式。要用心、诚实和积极地认识到你在重复相同的模式。一旦你理解了你所处的系统的更大逻辑，你就可以做出明智的可行的改变来获得你想要的结果。

你的思考

第七章

描绘愿景与设定目标

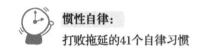
愿景为决策提供动力

让我们继续讨论"果断"这个概念。人们做事的理由有很多，但并不是所有的理由都是平等的。如果你出于同龄人的压力、他人的期望或内疚而行事，你可能会完成一些事情，但你的动力不会持久。更好的做法是去做那些真正能让你兴奋起来，并在最深层次上激励你的事情。正是这种灵感将帮助你克服在人生道路上必然会遇到的挑战和障碍。

描绘个人愿景听起来可能有点俗气，但它实际上是从源头开始推动你实现目标的一种强有力的方式。了解你真正的价值观和核心原则会让你有勇气做出艰难的决定来改善你的生活，这会在艰难的时刻让你继续前进的动力。如果你有目标感，毫无疑问，你会体验到更充足的动力和更持久的自律，而不是只对自己的行为有一个肤浅的把握。

描绘个人愿景会给你方向和重点。它提供了标准，你可以根据这些标准来衡量你所有操作和决策，其中的价值观就是你的指路明灯。如果你在这些标准的启发下做出了某个决定，那么这很可能是一个伟大的决定，它会让你更积极地接近你想要的生活。让你的愿景驱动你的决定！

把你的愿景看作对你可能成为的一切的探索，以及你渴望成为的一切的机会。个人愿景就像一套生活规则或宣言，告诉你应该怎么做，以及你能够怎么做——从你的最高原则出发，而不是出于恐惧、懒惰或义务。如果你充满了自我怀疑和相互冲突的欲望，如果你没有条理或者不清楚自己在做什么，那么你会在第一次挑战时畏缩不前，发现自己很难保持自律。但是当你按照自己的愿景行动时，就好像你已经连接了最强大的能量来源，那就是目标。

如何立即在你的生活中运用它

找到你的目标并不是你在20分钟内就能完成的一项简单的任务。事实上，这项课题是如此之大，以至于你需要用一生的时间才能弄清楚。然而，这里有一些思路可以帮助你——记住，你最终需要检查的是你内心的良知：

在最广泛的意义上，你的目标是什么？不仅是你目前的目标，还包括你的总体生活。去学习吗？去爱吗？去组建一个家庭吗？去冒险，开心地玩耍吗？去创造吗？

如果其他人的意见都不重要，钱也不是问题，你会关注什么？为什么？

什么事情会让你全心全意投入其中？

你还是个孩子的时候被什么东西深深吸引过？

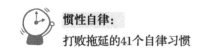
如果要你列出你永远能遵循的十条"生活法则"，你会列出哪十条呢？

现在，当你探索这些事情的时候，要更加具体——哪些行动、思想、信仰和态度与这个更大的目标相一致？想象一下你理想中的人或完美的自己每天都做些什么，他们怎么说话，周围都是些什么人。

下一步就有些困难了——问问你自己，你现在的生活与这个愿景相比如何。你在什么时候积极地做出了违背自己核心价值观的行为？你还能采取什么行动（从现在和长远来看）让你与真正重要的事情更紧密地联系在一起？

问题是，自律和动力应该是为某些事情服务的。为什么要浪费精力和意志力，强迫自己去做那些不是你最想做的事情呢？把你的精力、希望、汗水和泪水留给那些你发自内心认为它们会给你的生活带来意义的事情。

坚定不移

谁不想要更好地自律呢？然而事实是，自律更多的是一种方法，而不是一件事情。我们在生活中变得更加自律，不是因为我们把自律的生活作为目标，而是因为我们致力于已经瞄准的另一个目标，一个激励我们变得更好的目标。这个目标表达了我们的价值观，激发了我们的动力去创造我们最关心的东西。自律就是我们开始实现这一目标的方式。

有时，如果你发现自己缺乏自律，这可能不是懒惰、时间管理不善或目标不明确的问题。相反，你可能为了达到你的目标，长时间对实际任务不能果断执行。在某种程度上，你需要对你要做的事情做出明确的决定，并致力于此。世界上所有的计划和战略都毫无意义，直到你坐下来对自己说："好吧，这就是现在发生的事情，我已经做了决定。"

这不是一个可以跳过的步骤。你要变得果断就是要成为一名更好的决策者。当你做决定时，你是在收集信息，缩小范围，权衡利弊，并与自己达成共识。我们通常认为做决定是在各种选项中做出选择的一种方式，或者尽我们所能解决棘手的问题。但果断地下决心不止于此——我们要对自己说："我已经跨过了一个门槛，从现在开始，我才是当家做主的人，我现

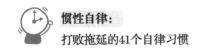

在正掌握着我生活的航向。"

有些人称这为承诺，事实也的确如此。如果我们确定了目标和实现目标的道路，那么承诺就意味着我们已经决定了我们将如何行动，无论出现什么诱惑，或者它有多困难。你有没有遇到过这样的人，比如，他突然要戒烟，说："我刚刚决定不再吸烟了，所以我就不再吸烟了。"这是因为他决定了，他做出承诺了，就是这样。

在生活中更加果断意味着对自己有良好的口碑，并相信自己的话。当你履行承诺时，你会更加信任和尊重自己，并意识到强制自律更适合那些犹豫不决的人。你会自然而然地变得更加专注，因为你根本就没有注意到其他选择，即那些会让你偏离轨道的选择。

如果你缺乏果断，就会表现为分析过度——陷入"研究"而不采取行动、自我批评、界限不清、屈服于诱惑、讨好别人、完美主义，感觉自己从一开始就不完全相信自己目标的价值。这是一个信号，表明你需要停下来，看看你在做什么，重新调整你的决定和承诺。

如何立即在你的生活中运用它

简单地做一个决定并不意味着你做了一个好的决定。如果这个决定真的对你有意义，那么你会对自己的付出更有信心。

第一步：重新考虑你的目标。它清楚吗，合适吗，真的是你想要的吗？别着急，慢慢想，重新找到你对它的热情。

第二步：重新联系原因和结果。提醒自己为什么要努力实现你的目标，以及要避免什么。提醒自己走其他道路的坏结果，比如拖延和放弃。

第三步：要意识到除了你没有人能做决定——其他人都不能！你要为自己的幸福和成功负责。摒弃所有人的意见或期望，享受你自己的决定。

第四步：做出决定。告诉自己，这就是你行动的方式。因为你已经下定决心，这就是你想要的。简单但有力。

第五步：边行动边调整。是的，你可以有一个具体的、钢铁般坚定的目标。但这并不意味着你不会持续寻找机会，在未来做出更好的决定。

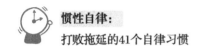

目标：明确目标，详细规划

没有具体行动计划的目标只是一场梦！换句话说，这种目标永远不会实现。制定目标是深思熟虑、有意识地确定你想要实现结果的过程，这样你就可以为实现目标制订适当的计划。因此，这分为两个部分：目标和实现目标的计划，就像目的地和地图一样。要想成功，就要知道你要去哪里，也需要知道你将如何到达那里。

制定适当的目标需要智慧和自律，但制定目标的过程也能激发自律，因为它能让我们集中精力。当你目标明确，并且能仔细计划、自我管理时，你就有更大的机会把抽象的目标变成具体的现实。

人们常常不会专门设定目标并制订实现目标的计划，因为它们似乎是显而易见的。他们往往认为，他们已经足够详细地知道自己想要的是什么，所以他们直接开始实施计划。或者，他们认为只考虑结果就足够了，实现目标的计划会以某种方式自动执行。相信我，这只是一个让你待在舒适圈的幌子。

你可能已经听说过SMART目标设定法，但这并不是唯一的目标设定方法。好的目标往往有一些共同的特点：

- 它们是可执行的（记住，行动是想象和现实之间的桥梁）。

- 它们被定义得很清楚（模糊=缺乏承诺）。

- 它们对你很有意义（这背后有一个很重要的原因）。

- 它们被设定在一个固定的时间表上，在执行过程中有一些小的可操作的步骤。

- 它们很灵活，可以根据你的需要随时进行调整。

- 它们是可见的和最新的，以维系你的责任感（通常这意味着要写下来）。

只要你设定的目标包含这些要素，你就能有一个良好的开端。

如何立即在你的生活中运用它

有一个很棒的目标设定模型叫作FAST[①]。根据这个模型的原理，目标应该是经常被讨论的话题。这意味着你有机会评估你的进步，并在你前进的过程中做一些小的调整。设定目标是一回事，让它保持活力是另一回事。不断地重温它，检查你是否走上了正轨，思考如何适应意想不到的变化。

目标应该是野心勃勃的。你不是在艰难前行，而是在努力做到最好。即使你达到了一个里程碑，也要问问自己能否做得更多，以及如何做得更多。你能瞄准更高的目标来调整计划

---

①编者注：FAST是一种目标设定模型，其中，F代表经常被讨论的（Frequently discussed）、A代表野心勃勃的（Ambitious）、S代表具体的（Specific）、T代表透明的（Transparent）。

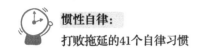

吗？有时候，野心会以创造力的形式出现——看看你能否找到真正的创新方法使你正在做的事实现利益最大化。

目标应该是具体的。这可能是更知名的SMART目标设定法中最重要的一点。你要让目标变得尽可能清晰和详细。你可以使用生动的视觉效果，让你想要实现的目标变得极其清晰和简洁。

目标还应该是透明的。这更适用于团队环境，但它基本上指的是充分理解你作为利益相关者在结果中扮演的角色。你需要知道你的任务是什么，以及它们对最终目标的确切贡献。要清晰且适当规划出你正在做的任务和目标之间的关系——它们需要尽可能地一致。

FAST模型的好处是，让你更关注目标的野心和灵活性，这最终可能会让你更有灵感，更有能力与你的目标一起成长，而不是受制于它们。当你设定目标时，可以对照FAST模型，看看你的目标是否符合上述条件。

写出疑惑之处

认清自己，瞄准自己想要做的事并承诺去做，这就是你非常需要的一切。然而，我们已经看到，把这个有意识的决定写下来，或者让你在任何时候都能看到自己对目标的贡献，也是非常有用的。这个思路非常简单明了——那些我们用白纸黑字写下并阅读的内容会以某种方式吸引我们的潜意识，使其更真实。当我们让成就、目标或进度图在某处一直可见时，我们就会不断地意识到我们正在走的路，并时刻牢记我们的使命。

但"写出来"的力量超过了这一点。我们可以把文字作为空间来帮助我们微调自律节奏，并把它纳入我们的日常生活。如果有疑问，就把它写出来。拿出一个笔记本和一支笔，慢慢地把你的想法写下来。这可以帮助你集中精力、清晰条理，并寻找新出现的主题和模式。更重要的是，当你对已经做过的事情有一份书面记录时，这会给你一个视角，提醒你已经克服的所有障碍。它可以让你对日常的考验和磨难有一个更深的了解，让你看到自己正在取得的更广泛的、更积极的进展，所以，不要放弃！

写下你的想法可以帮助你弄清楚它们到底是什么，这有助于推进你的决策过程、提高你的创造力和分析自己想法的能

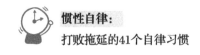

力。那么，这与意志力有什么关系呢？正如你已经注意到的，我们一次又一次地提到意识和意图的力量。你可以把空白页面想象成一个工作区，在那里你可以表达你的意图，并练习去更清楚地意识到现在发生了什么，过去发生了什么，以及你想要如何塑造未来。这可以加强你的自律和专注能力。事实上，许多人把写日记看作一种"自我治疗"。每当决心动摇时，他们就会停下来，拿出日记本，仔细梳理自己的想法和感受，直到他们再次获得清晰的思路和洞察力。

如何立即在你的生活中运用它

习惯把想法写下来的好处在于，你可以让它变成你想要的样子。你可以有各种各样的日志载体，可以是日记、一个简单的笔记本和备忘录系统，或者你可以通过写故事或诗歌来享受你创造性的一面。你可以把所有事情都整合在一起，然后写一本书，在书中记录反思、成就、目标和每天的待办事项清单，以及任何突然冒出来的想法，这些想法都是你想要在忘记之前捕捉到的。

当你坐下来去写的时候，放弃"应该做什么"的想法。这里有一些方法可以让你更好地开始：

- 通过一种"让大脑开闸"的方式来快速了解你的注意力

目前在哪里——把你脑海中的一切都写在纸上，然后不加评判地去看一看，并从中筛选。这可以帮助你处理情绪。

- 列出清单。列一张感恩清单，或者列一张你所有梦寐以求的事情的清单。列出所有困扰你的事情，做本书前面提到的坚忍练习。或者干脆列出让你焦虑事情的沉思清单，然后把它们烧掉或撕碎，对自己说："我现在再也不用担心了。"

- 收集鼓舞人心的语录、肯定的话、励志诗句或座右铭。这些能帮助你集中精力，提醒你为什么要做你正在坚持的事情。有些人喜欢把它们放在每一页的最上面，这样就可以经常看到它们。

从舒适区外获得舒适

故事有时是这样的：你对你想要实现的目标有了一个宏伟的想法，你制订了一个计划，对此感到兴奋，然后开始行动。接着，你会遇到一些可怕的、无聊的、令人困惑的事情，或者比你想象中要难得多的事情。你会感到害怕，变得"疲倦"。于是你偷偷溜走，忘记了之前的动力和决心。这是怎么回事？

在很大程度上，你在生活中的成功并不是由你的愿景是否

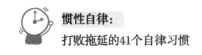

宏伟和美丽来定义的。相反，这根本上取决于你有多愿意诚实勇敢地面对所有事情——延误、失败、困惑、困难、痛苦、尴尬和失望。太多时候，我们计划着通往目标的道路，下意识地期望一切都不会出错。当它（不可避免地）出错时，我们会因此感到措手不及，幻想破灭。

事实是，我们培养自律以实现目标最终是为了寻求改变。如果我们想要改变生活，我们就必须冒险去抛弃旧的、熟悉的东西，适应新的、不熟悉的东西。没办法，改变就是会让人感觉不舒服。积极、健康地应对变化、不确定性和不适的能力是你为自己培养的无价的财富。大多数人甚至从未意识到，他们可以自己选择如何处理负面情绪！

这对自律也有影响。如果你不想感到不舒服，当事情变得艰难时，你就会逃之夭夭。而且你会谨慎行事，拒绝冒险，无论是在家里还是在工作环境中，你都会刻意避开艰难的谈话。因为害怕冲突，你可能无法挑战自己或他人以获得更好的业绩和生活。当你总是畏首畏尾的时候，你也在损害你的自尊和自信，永远无法给自己机会来证明你可以实现突破并做得更好，也无法给自己带来满足感和成就感。

但如果你期待、理解、不害怕改变和不适，你就不会让它们控制你。你可以走出舒适区，克服障碍，积极学习新事物。

一个很好的态度就是永远不要期待舒适或确定性，把这两件事都想象成接近死亡，而变化、风险、新奇和不可预测性更接近生存。

如何立即在你的生活中运用它

下次发生不好的、意想不到的、可怕的或不舒服的事情时，就停一会儿。从内心感谢生活给你上了一堂好课，给了你一个挑战，让你可以进步和学习。花点时间提醒自己一个重要的事实：改变是生活的一部分，但你总有能力通过你的个人力量和承诺去驾驭任何改变。

因此，与其害怕还没有发生的事情，不如问问还能发生什么；与其为你的失败感到悲伤，不如去好奇还有什么教训等着你去学；与其害怕一些新的和奇怪的情况，不如带着好奇心和创造力去拥抱它，去勇于尝试一些不同的东西。这完全是一个心态的问题。我们不需要把改变或不确定性当作敌人，我们可以和它们合作。

你可以随时选择在此时此刻了解自己并确定自己的方向。到底怎么回事？你感觉怎么样？为什么？你是真的处于危险之中还是仅仅感觉到危险？你对这种情况有什么看法？

如果你失败了，就接受它。失败是一位好老师，也是成功

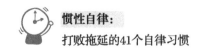
的老师。承认你的感受，了解你能做的，在你的能力范围内做出改变，然后采取行动。你要发自内心地相信，成功或失败并不代表你作为一个人的价值。因此，失败只是信息，重要的是你如何处理这些宝贵的信息。

有时人们害怕改变，因为他们不相信自己具备生存下去的条件。而你可以提醒自己，事实上，你有能力去适应变化。你要记住宝贵的成功经验，提醒自己之前所有你感到不舒服的情况，最后都是如何解决的。如果可以，也提醒自己待在所谓的舒适区结果并不会像当时看起来的那么美，你会对那些本可以督促自己却没有做到的时刻感到后悔。

你有能力塑造结果。你有能力选择你的心态，你可以采取与你的价值观一致的行动，你有很大的信心知道你总是有这样的权利，即使事情看起来很难、很无聊、很可怕或很奇怪。

小结：

- 让你的决定充满活力，并让你坚持自律的最有效方法就是把你的行动与你更宏伟的人生愿景以及你的最终目标联系起来。根据你的愿景做出决定。当你被自己的愿景所驱动时，你就会遵守自己的原则，且更有可能受到激励并坚持到底。

- 我们讨论的建议将有助于培养更持久的自律。但在某些时候，你需要做出明确的决定和坚定的承诺以实现你的梦想。想一想你的目标和你想实现这个目标的原因，然后承担起选择这个目标并致力于实现它的责任。没有人能代替你做出承诺，这是你自己的决定。

- 好的目标设定方法不止SMART目标设定法。尝试使用FAST目标设定模型：让目标经常被讨论、野心勃勃（为什么不去追求金牌？）、具体和透明，也就是说，确保你明白你采取的每一项行动是如何与最终的目标相关联的。目标应该是灵活的和鼓舞人心的。一旦你到达了里程碑，就不要害怕改变或者强迫自己做更多的事情。

- 任何成长都需要勇气来承受变革带来的不适。让自己拥有一种期待、喜欢和理解不适的心态，不要害怕不确定性，不要让负面情绪、挫折、困惑、失败或逆境阻碍你完成任务。适应不舒服的事情也意味着提醒你自己，无论发生什么，你都有能力利用自己的力量和选择来做出正确的决定。

 你的思考

摘要指南

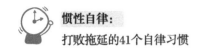
第一章：即刻行动

- 在培养实现目标所需的自律能力时，如何开始很重要。你要放弃突飞猛进和一夜之间成功的想法，要从小事着手，把大目标分解成可管理的、可持续的小目标。最重要的是习惯性和持续性。

- 如果你有意识地"重新开始"，即把元旦、你的生日或周一当作新的开始，你实现目标的机会就会更大。你可以有意识地把这一时刻标记下来，牢牢记住它，告诉自己过去已经被原谅和遗忘，你正在重新开始新的一天。

- 向自己承诺，即使你偶尔会遇到挫折，你也不会连续两天跳过你的任务。跳过一天是可以理解的，但连续跳过两天就成了习惯。如果你犯了错，就进入学习模式，问问自己为什么，这样你就可以确保第二天不会再犯同样的错误。

- 选择一个目标，设定一个时间表，然后选择一些合适的指标来衡量和跟踪进度。让其能够清晰地被看见，以此激励你，让你变得专注和有成就感，并帮助你解决问题和先发制人。

- 最后，利用结果可见的力量，朝着正确的方向训练你的大脑。利用所有感官想象期望的结果或实现该结果的过

程——或者两者兼而有之。重要的是，你需要经常这样做，真正深入挖掘与你试图创造的东西相关的感觉。

第二章：关注习惯

- 你要变得更自律，专注于你的坏习惯，不要努力地去消除它们，而要用更好的习惯取而代之。观察你当下的习惯，了解它们的目的、触发这些习惯的因素以及由此引发的结果，并采取行动让它们对你有利。一旦有了持之以恒的好习惯，你就不再需要更多的意志力去自律。

- 虽然这听起来非常简单，但是如果没有健康的生活方式做基础，你就无法培养自律。你可以先考虑如何给自己的身体补充能量来增强你的意志力。有许多不同的饮食哲学，它们都是有效的，但有一点始终如一，那便是提高自制力其实就意味着保持稳定的血糖水平。

- 定期锻炼会强化你的自尊，让你的身体充满内啡肽，让你保持健康强壮，并在锻炼肌肉的同时帮助你锻炼意志力。记住：你做任何事的方式就是你做每件事的方式。体育锻炼不仅能锻炼你的身体，而且能锻炼你的头脑。

- 如果你还没有雷打不动的清晨计划，那么，你应该制订一个，它会让你的一天有一个好的开始。每个人都有自

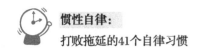
己独特的生物钟，但我们中的大多数人都受益于有规律
的作息和健康的睡眠习惯。

- 根据你的优先事项制定一周的时间表，让自己少做一些
  无用的工作。将不太重要的任务集中在一起，留出一定
  的回旋余地和时间进行评估和调整。

- 确保你有充足的时间休养生息，也要有时间认可自己的
  进步并奖励自己。这对要获得持续的成功至关重要！

第三章：让身体、头脑和心灵保持健康

- 身体和心灵都要保持健康，这意味着要采取能够让自律
  生活成为可能的态度和心态。制订一个减少、消除和避
  免诱惑的计划。如果你积极主动，先发制人，它们对你
  生活的影响就会小一些。

- 最大、最具破坏性的误区之一是，我们只有在时机成熟
  或想采取行动的时候才能采取行动。事实是，即使我们
  还没有足够的动力，我们也可以开始行动！动起来吧，
  你会发现情况正好相反：采取行动会激励你。

- 不要自责——没有人能从自我批判和自我仇恨的立场上
  有所进步。你要对自己有同情心，要友善，要原谅自己
  的失误，要把注意力集中在积极的方面。你不需要为了

提高自己而让自己感觉难过。

- 我们都有变化莫测的情绪，但我们也拥有选择如何应对的能力。我们可以允许自己沉浸在一时的感受中，但不会让情绪打乱我们的目标或承诺。注意你的情绪，并选择不对它们做出反应，取而代之的是听从你理性的、有意识的头脑的指挥。

- 意志力是一种有限的资源，可能会被日常生活中许多微小的压力和紧张所耗尽。减少你生活中的总体压力，就能释放更多意志力来做真正重要的事情。压力管理这件事应该成为一种常规习惯，而不是等到你已经在煎熬的时候才开始行动。

- 把葡萄糖看作意志力的化学类比。少吃一些甜食来补充葡萄糖（当你的大脑正在运转时），你就可以提高自制力——确保你不会过度沉迷于不健康的甜食。

第四章：成功的态度

- 你的成功取决于你的态度。真实、诚实地面对自己，摒弃生活中那些看似让你更有效率，实则只是在浪费你时间的东西。要不停地问自己："这会让我进步吗？"

- 利用积极的同伴压力，对自己的承诺负责。说服朋友来

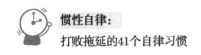

见证你的成就，支持你，在你遇到困难时激励你。

- 对控制有一个健康的态度——尽管生活中有些事情我们永远无法控制，但我们总是能够对自己的反应和行动负责。试着用练习来学会辨别哪些是你能改变的，哪些是你不能改变的，并掌握辨别它们的不同之处所需的智慧。

- 自律的人知道，在生活中获得成功是自己的责任。他们不会责怪别人，不会抱怨，也不会等待许可。他们享受承担责任的自由。

- 定期的感恩练习会让你保持积极的心态，让你更有弹性、更有创造力、更能控制自己。每一天都要找到感恩的事情，让自己充满良好的感觉，让自律更容易。

- 如果你相信自己能做到，你就能做到。自信是成功的预兆，所以要对自己有一点信心！

第五章：保持正念

- 正念和冥想不只是减轻压力和提升幸福感的方法，它们更是增强自我意识、降低反应性和提高自律能力的技巧。当你冥想的时候，会激活大脑中负责自我控制的部分，从而加强这些神经之间的联系。

- 冥想不仅是一项独立的活动，也是一种生活方式。你要想办法全天保持清醒，并利用这些平静、受控和积极的感觉来重新触发你的自律机制。停下来，意识到你的内心和外部环境正在发生什么，留意你的想法和感觉，而不是判断或解释它们。

- 对于那些想要坚持自律和改善生活的人来说，一个主要的绊脚石就是他们的自我意识。自我是一张面具，它不是真正的你。你要经常提醒自己关注过程，而不是结果，接受自己是一个初学者，认清自己也会犯错。你要停止表演，勇敢面对当下的状况——不去比较，不去评价，也不去批判。

- 在你的自律之旅中，你会遭受痛苦，这是不可避免的。但是受苦（我们对痛苦的依恋）是可以避免的。指责、纠结、后悔、自卑、怀疑、焦虑等都是可以避免的反应。当生活对你不利时，尽量不要向自己扔"第二个飞镖"。有了自我意识、冷静和富有同情心的自我接纳，我们就可以让痛苦和受苦都成为过去。

- 知识就是力量，自知就是自我力量。如果你知道自己的长处和短处，你就可以有意识地扬长避短，从而减少面对困难时的拖延。不要过分纠结于你的短处，要正视它们，把注意力放在能让你更有所收获的、好的方面。

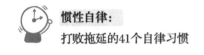

第六章：时间管理的真相

- 意志力是一种有限的资源，时间也是有限的。自律需要有意识地控制我们消磨时间的方式。我建议你听从斯蒂芬·柯维的建议，把"大石头"放在第一位，生活中不太重要的任务可以稍后再挤进去，用你的优先事项开始新的一天。

- 不是每个人都会遵循相同的睡眠/清醒周期，这要求你理解自己的节奏并与之配合。找出你的黄金工作期，并在这段时间安排你最重要或最艰巨的任务。如果你是在用你的自然动力流工作，就不需要消耗太多意志力去自律。

- 打破焦虑循环或克服强烈脱轨情绪的一个好方法是从十开始倒数，然后强迫自己立即行动。焦虑可以通过从五种感官上意识到当下的时刻来缓解。愤怒可以通过按下暂停按钮、深呼吸和休息来缓解。

- 拖延可能是一个信号，表明你的日程安排、目标或心态没有达到应有的水平，但我们所有人都会时不时地因为懒惰而拖延。你可以通过尽快恢复动力来解决问题。从最小的任务开始，或者向自己承诺只做五分钟。如果你的拖延来自更深层次的问题，那么你需要首先解决这些问题。

- 待办事项清单可以帮助你集中精力，但如果你是一个长期过度工作的人，那么不办事项清单可能更适合你。检查清单上的每一项，问问它是否重要和紧急。既不能忽视又不能委派给别人的任务，都应该优先处理。
- 最后，要善于找出自己的模式。要用心、诚实和积极地认识到你在重复相同的模式。一旦你理解了你所处的系统的更大逻辑，你就可以做出明智的可行的改变来获得你想要的结果。

第七章：描绘愿景与设定目标

- 让你的决定充满活力，并让你坚持自律的最有效方法就是把你的行动与你更宏伟的人生愿景以及你的最终目标联系起来。根据你的愿景做出决定。当你被自己的愿景所驱动时，你就会遵守自己的原则，且更有可能受到激励并坚持到底。
- 我们讨论的建议将有助于培养更持久的自律。但在某些时候，你需要做出明确的决定和坚定的承诺以实现你的梦想。想一想你的目标和你想实现这个目标的原因，然后承担起选择这个目标并致力于实现它的责任。没有人能代替你做出承诺，这是你自己的决定。

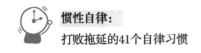

- 好的目标设定方法不止SMART目标设定法。尝试使用FAST目标设定模型：让目标经常被讨论、野心勃勃（为什么不去追求金牌？）、具体和透明，也就是说，确保你明白你采取的每一项行动是如何与最终的目标相关联的。目标应该是灵活的和鼓舞人心的。一旦你到达了里程碑，就不要害怕改变或者强迫自己做更多的事情。

- 任何成长都需要勇气来承受变革带来的不适。让自己拥有一种期待、喜欢和理解不适的心态，不要害怕不确定性，不要让负面情绪、挫折、困惑、失败或逆境阻碍你完成任务。适应不舒服的事情也意味着提醒你自己，无论发生什么，你都有能力利用自己的力量和选择来做出正确的决定。

反侵权盗版声明

电子工业出版社依法对本作品享有专有出版权。任何未经权利人书面许可，复制、销售或通过信息网络传播本作品的行为；歪曲、篡改、剽窃本作品的行为，均违反《中华人民共和国著作权法》，其行为人应承担相应的民事责任和行政责任，构成犯罪的，将被依法追究刑事责任。

为了维护市场秩序，保护权利人的合法权益，我社将依法查处和打击侵权盗版的单位和个人。欢迎社会各界人士积极举报侵权盗版行为，本社将奖励举报有功人员，并保证举报人的信息不被泄露。

举报电话：（010）88254396；（010）88258888

传　　真：（010）88254397

E-mail：　dbqq@phei.com.cn

通信地址：北京市万寿路 173 信箱
　　　　　电子工业出版社总编办公室

邮　　编：100036